Empresa-escola
Educação pelo e para o trabalho

Dados Internacionais de Catalogação na Publicação (CIP)
(Simone M. P. Vieira - CRB 8ª/4771)

Moraes, Francisco de
    Empresa-escola : educação pelo e para o trabalho / Francisco de Moraes. São Paulo : Editora Senac São Paulo, 2022.

    Bibliografia.
    ISBN 978-85-396-3698-3 (impresso/2022)
    e-ISBN 978-85-396-3699-0 (ePub/2022)
    e-ISBN 978-85-396-3700-3 (PDF/2022)

    1. Educação profissional – Brasil 2. Empresas e educação 3. Estágio 4. Qualificação profissional 5. Treinamento I. Título.

22-1694t   CDD – 370.113
                                                 BISAC EDU046000

Índice para catálogo sistemático:
1. Empresa-escola : Educação profissional   370.113

Empresa-escola
Educação pelo e para o trabalho

Francisco de Moraes

Editora Senac São Paulo – São Paulo – 2022

Administração Regional do Senac no Estado de São Paulo
Presidente do Conselho Regional
Abram Szajman

Diretor do Departamento Regional
Luiz Francisco de A. Salgado

Superintendente Universitário e de Desenvolvimento
Luiz Carlos Dourado

Editora Senac São Paulo
Conselho Editorial
Luiz Francisco de A. Salgado
Luiz Carlos Dourado
Darcio Sayad Maia
Lucila Mara Sbrana Sciotti
Luís Américo Tousi Botelho

Gerente/Publisher
Luís Américo Tousi Botelho

Coordenação Editorial
Ricardo Diana

Prospecção
Dolores Crisci Manzano

Administrativo
Verônica Pirani de Oliveira

Comercial
Aldair Novais Pereira

Edição de Texto
Léia Maria Fontes Guimarães

Preparação de Texto
Eloiza Helena Rodrigues

Revisão de Texto
Cleber Siqueira
Edna Viana
Luciana Lima
Camila Lins
Caique Zen Osaka

Projeto Gráfico, Capa e Editoração Eletrônica
Antonio Carlos De Angelis

Imagem da Capa
Ikon Images/Alex Williamson/Getty Images

Impressão e Acabamento
Gráfica Rettec

Proibida a reprodução sem autorização expressa.
Todos os direitos desta edição reservados:

Editora Senac São Paulo
Av. Engenheiro Eusébio Stevaux, 823 – Prédio Editora
Jurubatuba – CEP 04696-000 – São Paulo – SP
Tel. (11) 2187-4450
editora@sp.senac.br
https://www.editorasenacsp.com.br

© Editora Senac São Paulo, 2022

Sumário

Nota dos editores, 7

Apresentação | *Francisco Aparecido Cordão*, 8

Prefácio, 16

1. Abordagens conceituais, 22
2. Educação em saúde: o principal foco das empresas-escola atuais, 44
3. Aprendizagem baseada em problemas, 60
4. Outras configurações de empresas-escola, 66
5. Aspectos financeiros, mercadológicos e educacionais das empresas-escola, 76
6. Integração de objetivos e planejamento estratégico: caminho para o sucesso de uma empresa-escola, 88
7. Conflitos de interesse e de modelos mentais e gerenciais numa empresa-escola, 96
8. Possibilidades de sinergia entre as diversas atividades de uma empresa-escola, 102
9. Educação corporativa: uma empresa que aprende pode ser uma boa empresa-escola, 106
10. Programas de Aprendizagem: integração entre cursos de educação profissional e trabalho nas empresas, 114
11. Estágios e programas de *trainees*, 126
12. Incubadoras de empresas e parques tecnológicos, 134

13. A função educadora integrada à missão e à visão de uma empresa ou de um grupo empresarial, 140
14. O Senac e suas empresas pedagógicas, 146

    Conclusão, 154

    Referências, 160

Nota dos editores

Empresa-escola: educação pelo e para o trabalho propõe conciliar dois conceitos que muitos consideram antagônicos: teoria e prática. Pode ser visto tanto como livro-texto – referência para estudos acadêmicos, dissertações e projetos de pesquisa – quanto como importante guia para administradores e profissionais envolvidos com os benefícios e contratempos das empresas-escola.

Francisco de Moraes inicia a obra com rica contextualização histórica, apresentando as origens da educação profissional nas corporações de ofício, a instituição das academias e a cisão entre teoria ("educação para o trabalho") e prática ("educação pelo trabalho"). O autor fornece ainda subsídios, indicadores de desempenho e ferramentas de gestão às empresas-escola, tornando-as conscientes da sua condição diferenciada. Aponta, também, os principais desentendimentos entre grupos de interesses distintos (educacional, econômico e mercadológico) de funcionários de empresas "anfíbias" e sugere soluções viáveis.

Com este livro, o Senac São Paulo avança mais um passo no processo de valorização desses centros de aprendizado.

Apresentação

O professor Francisco de Moraes é a pessoa mais gabaritada para escrever um livro sobre as empresas-escola ou empresas pedagógicas. Ele já é o autor de um documento de trabalho publicado pela antiga Divisão de Informação Técnica do Senac de São Paulo há mais de quarenta anos, quando ele trabalhava em uma unidade educacional da instituição na cidade de São Paulo, que contava com diversas empresas pedagógicas, sendo a de maior complexidade um restaurante-escola, isto é, uma empresa pedagógica da área de hotelaria.

O debate interno, naquela época, já girava em torno da "educação para o trabalho" e da "educação pelo trabalho". A orientação metodológica dessas empresas pedagógicas da época poderia ser resumida na expressão "aprender fazendo". Elas adotavam como mote mercadológico o lema "uma empresa que faz escola", mote que acabou por levar o autor a iniciar sua obra afirmando que, em sentido lato, "toda empresa é uma escola e toda escola é uma empresa". O professor Francisco de Moraes explicita logo que, "neste livro, o principal foco descritivo e analítico recai sobre organizações que têm em sua configuração o duplo propósito de realizar atividades empreendedoras e educação formal regulada pelo sistema educacional". Assumindo essa orientação, o autor foi muito além das empresas pedagógicas tradicionais do Senac – como os conhecidos hotéis-escola e restaurantes-escola – para englobar, também, outras empresas-escola conhecidas: os hospitais-escola e fazendas-escola. Cabem nesse conceito lato, inclusive, as escolas de aplicação vinculadas às universidades, que são utilizadas para a habilitação prática de professores em formação, e até mesmo as empresas que exercem papéis educacionais como parceiras das escolas regulares, seja participando de programas formais de aprendizagem, seja recebendo alunos para a realização de estágios supervisionados, seja aderindo a outros programas similares.

O objetivo deste livro, avisa logo o autor, não é "estimular a criação de novas empresas-escola", uma vez que nem sempre é vantajosa para elas essa condição "anfíbia". A meta é muito mais a de "fornecer subsídios, ferramentas de gestão e indicadores de desempenho para que as empresas-escola existentes possam tirar melhor proveito de sua condição diferenciada".

Nesse particular, o professor Francisco de Moraes aponta que "a excelência no trabalho pode garantir melhor sintonia nos objetivos comuns e economia de esforços nos interesses complementares e até nos antagonismos".

No capítulo referente às abordagens conceituais, embora reafirme que "este livro não tem a pretensão acadêmica de aprofundar aspectos conceituais da área de educação e das ciências correlatas", ele é riquíssimo na identificação de temas da maior importância para entender o fenômeno da educação profissional. Começa com uma rigorosa caracterização de empresas e de escolas. A seguir, analisa as origens da educação profissional a partir das corporações de ofícios e focaliza as academias como parte da explicação para a separação entre teoria formalmente ensinada e prática profissional, especialmente no caso das profissões legalmente regulamentadas. Nesse ponto da obra é levantada uma instigante questão: "a teoria precede e informa a prática ou é a mão que educa a mente?", a qual é tratada com maestria pelo professor

APRESENTAÇÃO

Francisco de Moraes, retomando análises de importantes autores já publicados pela Editora Senac São Paulo, como Jarbas Novelino Barato, Mike Rose, José Antonio Küller e Flávia Feitosa Santana, além de outros, como Howard Gardner e Frank R. Wilson. Na sequência, o livro aborda a delicada questão dos "enquadramentos jurídicos das empresas-escola existentes".

Após as ricas abordagens conceituais, que representam preciosas sugestões para futuras pesquisas, o autor faz uma análise mais minuciosa das principais empresas-escola pesquisadas. Começa tratando dos hospitais-escola, sob o tema "Educação em saúde: o principal foco das empresas-escola atuais". Após uma bem fundamentada análise da educação em saúde no Brasil, examina o conjunto de "hospitais-escola, hospitais de ensino e hospitais universitários" e, a seguir, a importante questão da "residência médica e suas implicações". Na sequência, o professor Francisco de Moraes apresenta uma temática com a qual me envolvi com empenho no Conselho Nacional de Educação, que é a dos "estágios práticos de enfermagem", como estágios profissionais supervisionados, nos termos da atual Lei nº 11.788, de 25 de setembro de 2008, quando integrei uma comissão bicameral, formada por conselheiros da Câmara de Educação Básica e da Câmara de Educação Superior, encarregada de regulamentar a matéria para orientar sistemas e estabelecimentos de ensino, bem como seus parceiros da execução do "ato educativo".

A seguir, o autor trata do delicado tema da "prática profissional em farmácia, fisioterapia, odontologia, psicologia e outras profissões da área de saúde", para as quais "não há exigência de empresas-escola na estrutura curricular dos cursos correspondentes", mas há a exigência da prática profissional como parte importante do processo de ensino e aprendizagem.

Essa parte da análise das empresas-escola da área de saúde é coroada com uma apresentação interessantíssima da metodologia educacional da "aprendizagem baseada em problemas", de conhecimento obrigatório a todos os planejadores, mediadores e avaliadores de cursos e programas de educação profissional, especialmente nas vertentes da educação profissional técnica e tecnológica.

O professor Francisco de Moraes analisa, também, com muita propriedade, "outras configurações de empresas-escola", como fazendas-escola, hotéis e restaurantes-escola, fábricas-escola, cooperativas-escola e navios-escola. No caso dos hotéis-escola e dos restaurantes-escola, é dada prioridade na análise, com muita justiça, aos pioneiros hotéis-escola e restaurantes-escola do Serviço Nacional de Aprendizagem Comercial (Senac), os quais merecem um capítulo especial na obra, sob a gentil e calorosa denominação "O Senac e suas empresas pedagógicas".

O autor analisa, ainda, "aspectos financeiros, mercadológicos e educacionais das empresas-escola", bem como aponta alguns caminhos para o sucesso dessas empresas-escola. Por meio da adoção de objetivos comuns ou complementares e ações integradas, a empresa-escola torna-se um ambiente em que "os alunos aprendem enquanto produzem e produzem enquanto aprendem", e os "professores e gestores também aprendem enquanto ensinam, pesquisam e desenvolvem inovações tecnológicas que aumentam o potencial de sobrevivência e de crescimento organizacional sustentável". Além disso, o professor Francisco de Moraes examina acertadamente as vantagens e problemas da dupla configuração de objetivos numa empresa-escola, concluindo que o planejamento estratégico que considera adequadamente a dupla finalidade de uma empresa-escola como parte essencial de seus valores, sua missão e sua visão permitirá superar dificuldades, adotar inovações e garantir crescimento sustentável. Por outro lado, uma empresa-escola que tenha muita improvisação, foco exclusivo em resultados financeiros e prioridades de curto prazo corre mais risco de ter problemas.

No capítulo referente a "conflitos de interesse e de modelos mentais e gerenciais numa empresa-escola", é observado, com muita propriedade, que "pequenos dogmas, decorrentes da visão operacional de curto prazo dos gestores", associados a "pequenos ritos e outros dogmas dos educadores", podem atravancar os processos e inviabilizar a complementaridade de objetivos.

Muito oportuno o capítulo que trata das "possibilidades de sinergia", quando o autor observa, acertadamente, que "a organização didática dos currículos com base em competências é o modelo atualmente referendado pela maior parte das diretrizes curriculares dos cursos técnicos ou superiores ligados às empresas-escola existentes". Ele ainda destaca que essa forma de organização curricular é mais flexível do que a organização baseada em disciplinas estanques e permite maior sinergia na aprendizagem e na realização de atividades em ambientes nos quais as competências podem ser demonstradas como desempenho.

Bastante oportunos são, também, os capítulos sobre educação corporativa, nos quais se desenvolve a ideia de que "uma empresa que aprende pode ser uma boa empresa-escola"; sobre programas de aprendizagem, em que se aborda a "integração entre cursos de educação profissional e trabalho nas empresas"; sobre estágios como "exemplos mais expressivos de integração entre empresas e escolas"; sobre programas de *trainees*, que, segundo o autor, são uma "opção relevante para uma empresa tornar-se escola e aprendiz de sua renovação gerencial"; e sobre incubadoras de empresas e parques tecnológicos.

Depois desse magnífico passeio pelas diversas opções de ação empresarial no mundo da aprendizagem, o professor Francisco de Moraes ainda nos brinda com uma arguta análise sobre "a função educadora integrada à missão e à visão de uma empresa ou de um grupo empresarial", na qual ele nos revela que "algumas empresas assumem seu papel de agentes do desenvolvimento das pessoas porque acreditam que sua sustentabilidade depende da aprendizagem organizacional, da criação e da gestão de conhecimento interno". Essas empresas são comparadas com escolas excelentes, porque são organizações que aprendem e que ensinam. Ou seja: "Ensinam muito, pois aprender e ensinar são cara e coroa de uma mesma moeda".

Eu aprendi muito lendo por inteiro este belíssimo livro do meu amigo e parceiro de muitos trabalhos, professor Francisco de Moraes. Trata-se de uma obra magistral, que merece ser lida e debatida por todos os profissionais das áreas de educação profissional e de desenvolvimento empresarial ou educação corporativa. É impressionante o volume de temas para futuras pesquisas e estudos que o autor arrola, com muita propriedade. Nesse sentido, torna-se, também, uma obra indispensável para a academia, especialmente para os estudantes que estão ansiosos por descobrir temas para seus estudos e pesquisas. É uma obra de referência fundamental para aqueles que planejam, executam, supervisionam e avaliam trabalhos de educação profissional em estabelecimentos de ensino e organizações empresariais que aprenderam a aprender e querem continuar aprendendo, para fazer frente aos desafios futuros não apenas de sobrevivência nesta sociedade do conhecimento – que se apresenta plena de contínuas mudanças e permanentes exigências de qualidade e de produtividade para garantir a inclusão pessoal e social –, mas sobretudo de contribuição efetiva para a construção de um mundo melhor, mais solidário, justo, ético e includente, na perspectiva do desenvolvimento sustentável do nosso planeta e da humanidade.

FRANCISCO APARECIDO CORDÃO
Consultor educacional e membro da Academia Paulista de Educação.
Ex-membro do Conselho Estadual de Educação de São Paulo e
do Conselho Nacional de Educação.

Prefácio

Em sentido amplo, podemos afirmar que toda empresa é uma escola e que toda escola é uma empresa. Aliás, é frequente o uso de *slogans* publicitários que associam a qualidade de organizações e seus propósitos para valorizar o desempenho ou os objetivos de empresas ou de escolas.

Neste livro, o principal foco descritivo e analítico recai sobre organizações que têm em sua configuração o duplo propósito de realizar atividades empreendedoras e educação formal regulada no sistema educacional. Enquadram-se na categoria:
- hospitais-escola e suas variações de classificação formal – hospitais universitários, hospitais de ensino, hospitais destinados à residência médica;
- fazendas-escola vinculadas a cursos técnicos ou de educação superior;
- hotéis-escola e restaurantes-escola que integram cursos técnicos ou superiores;
- clínicas-escola em medicina veterinária;
- clínicas-escola para atendimento odontológico e outras operações organizacionais que têm esse duplo foco.

Os colégios de aplicação vinculados a universidades e as escolas de educação básica que habilitam professores na prática como parte de seus objetivos explícitos também podem ser considerados empresas-escola. Nesse caso, a dupla finalidade tem enfoque em duas atividades educacionais regulamentadas: os cursos de licenciatura e os cursos da educação básica.

Os hospitais-escola são de ocorrência mais numerosa, pois cada faculdade de medicina normalmente tem pelo menos um hospital, próprio ou conveniado, para as atividades de observação e práticas de seus alunos de graduação. Além disso, muitos dos melhores hospitais gerais ou especializados, não vinculados a cursos de graduação, assumem-se como hospitais de ensino, constituindo ambientes de aprendizagem para a residência médica. Para um quadro de quase três centenas de cursos de medicina em funcionamento no Brasil, há algumas centenas de hospitais que podem ser considerados hospitais-escola.

Há outras situações em que as empresas exercem papel de escolas em cursos ou programas regulados por normas específicas. As mais relevantes são:

- programas de aprendizagem destinados a jovens entre 14 e 24 anos, regulados no Brasil pela Lei Federal nº 10.097, de 19 de dezembro de 2000, e normas complementares;
- estágios supervisionados, regulados pela Lei Federal nº 11.788, de 25 de setembro de 2008, e normas complementares;
- programas de *trainees*;
- incubadoras de empresas e parques tecnológicos associados a universidades ou a complexos universitários;
- programas de educação corporativa ou as denominadas "universidades corporativas".

Temos, ainda, alguns casos raros de empresas e grupos empresariais que incorporam o papel educacional como essência estratégica de seus valores, missão e visão.

Todas essas situações são tratadas neste livro, porém com uma análise mais detalhada de suas implicações tanto para a gestão dos negócios, no lado empresarial, quanto para a gestão educacional do componente escolar que caracteriza tais organizações "anfíbias", aqui denominadas "empresas-escola".

Nosso objetivo principal é destacar a função educadora de toda empresa como parte de sua missão e de sua visão de longo prazo. As escolas precisam, por seu lado, incorporar as melhores práticas de planejamento e de gestão que asseguram o desempenho eficaz das boas empresas, para que seus objetivos educacionais sejam garantidos pela sustentabilidade de financiamentos e pela percepção mercadológica da excelência de seus serviços.

Numa sociedade em processo acelerado de mudança, as empresas e as escolas precisam reinventar-se constantemente, precisam aprender e ensinar sempre, para que sobrevivam, cresçam e sejam duradouras.

Este livro não tem como meta estimular a criação de novas empresas-escola. Nem sempre a condição "anfíbia" é vantajosa, especialmente porque é mais comum que haja desestímulos governamentais e desconfiança por parte dos agentes fiscais do que fatores que favoreçam as empresas-escola, com exceção dos hospitais-escola e similares. Por outro lado, um dos objetivos deste livro, que se configura como desafio, é fornecer subsídios, ferramentas de gestão e indicadores de desempenho para que as empresas-escola existentes possam tirar melhor proveito de sua condição diferenciada, além de contornar ou superar as armadilhas decorrentes de possíveis paralelismos, duplicidade de esforços e conflitos inerentes à convivência de subgrupos de funcionários, gestores e outras partes interessadas com demandas e interesses distintos.

O ponto comum na gestão de empresas e de escolas – e das empresas-escola, como decorrência – deve ser o foco na qualidade dos produtos e dos serviços. A excelência no trabalho pode garantir melhor sintonia nos objetivos comuns e economia de esforços nos interesses complementares e até nos antagonismos.

Nesta nova edição, o título foi alterado para "Empresa-escola" (antes tínhamos "Empresas-escola", no plural), para ficar mais focado em cada realidade, que é sempre única. O subtítulo também foi alterado para "educação pelo e para o trabalho", para ficar mais congruente com o conteúdo. O subtítulo anterior – "educação para o trabalho *versus* educação pelo trabalho" – refletia uma realidade que na verdade era criticada no livro, pois supunha a precedência da preparação teórica para o trabalho, em certa oposição em relação à preparação prática para o trabalho. A essência do texto que aqui apresentamos indica justamente que uma empresa-escola tem como principal mérito a preparação integrada *pelo* e *para* o trabalho. O ambiente de aprendizagem de uma empresa-escola bem estruturada possibilita que o trabalho real contextualize e dê significado para o que ali é aprendido durante o trabalho, pelo próprio trabalho, como preparação para novos trabalhos futuros.

I

Abordagens conceituais

Raras vezes a realidade empresarial se apresenta didaticamente organizada, salvo em seus exemplos menos adequados à sustentabilidade. A regra é uma realidade um tanto anárquica e multidimensional, plena de redundâncias de propósitos ou de atividades, conflitos potenciais ou mesmo explícitos. Planejar é, em essência, organizar-se para sobrenadar nas ondas revoltas da realidade.

Por outro lado, a escola copiou e adaptou modelos mentais e organizativos das instituições religiosas, em especial da Igreja Católica, assim como das organizações militares e, mais recentemente, dos modelos industriais de divisão do trabalho. Entretanto, também essas cópias foram muito frequentemente anárquicas e sem fundamentação adequada.

Este livro não tem a pretensão acadêmica de aprofundar aspectos conceituais da área de educação e das ciências correlatas – sociologia, psicologia, biologia, por exemplo. Tampouco vai navegar em águas profundas da sociologia do trabalho, ou da filosofia, que a tudo já englobou em suas origens e ainda intenta a tudo abarcar, ao menos em algumas de suas vertentes mais pretensiosas. Mas tratará, com pinceladas rápidas de algumas referências e implicações, da educação e do trabalho como campos do saber que se entrelaçam para viabilizar a educação profissional, a educação para o trabalho ou a educação pelo trabalho. Oxalá a bibliografia referenciada permita aos interessados que se aprofundem nos temas, até mesmo para contestar eventuais assertivas muito pragmáticas que aqui foram baseadas principalmente em mais de trinta anos de vivência comprometida com a educação, com o trabalho e com suas inter-relações dialéticas de convergência e divergência, algumas vezes cíclicas, outras vezes até concomitantes, como o amor e o ódio, quando se confundem esquizofrenicamente numa mesma relação interpessoal.

Empresas e escolas: definições em rápidas pinceladas

Algumas das principais definições para "empresa" nos dicionários são:
- "Empreendimento para a realização de um objetivo." (EMPRESA, 2009b, p. 743)
- "Aquilo que se empreende; empreendimento"; "Organização econômica destinada à produção ou venda de mercadorias ou serviços, tendo em geral como objetivo o lucro." (EMPRESA, 2009a, p. 737)
- "Sociedade organizada para a exploração de indústria ou comércio, com a finalidade de obter um rendimento monetário através da produção de bens ou de serviços." (EMPRESA, 2022)

As definições dicionarizadas para "escola" são:
- "Estabelecimento público ou privado onde se ministra ensino coletivo." (ESCOLA, 2009b, p. 800)
- "Estabelecimento público ou privado onde se ministra, sistematicamente, ensino coletivo." (ESCOLA, 2009a, p. 791)
- "Instituição pública ou privada que tem por finalidade ministrar ensino coletivo." (ESCOLA, 2022)

As definições apresentadas pelos dicionários e pelo senso comum para os verbetes "empresa" e "escola" sugerem que há complementaridade e mesmo semelhança de propósitos entre empresas e escolas.

Aliás, do ponto de vista de sua estrutura, a escola é um tipo específico de organização empresarial cujo objetivo é promover ensino e aprendizagem. Pode ser pública ou privada, mas sempre tem a condição de um "empreendimento para a realização de um objetivo", a primeira acepção do dicionário *Houaiss* para "empresa". No Brasil, toda escola tem um Cadastro Nacional da Pessoa Jurídica (CNPJ), assim como toda e qualquer empresa ou órgão de governo, por exemplo, sejam quais forem suas áreas de atividade.

Por tais motivos, a hibridação entre empresa e escola não é uma combinação esdrúxula. Ao contrário, seria até muito natural. Normalmente, a conjugação de uma empresa com uma escola deveria trazer muitos ganhos de sinergia e sustentabilidade de longo prazo.

A realidade, porém, contempla menos casos de sucesso do que seria imaginável na primeira análise. Isso se deve a algumas restrições, especialmente as de ordem fiscal e tributária, no caso brasileiro. Outras restrições são: desconhecimento, por parte das empresas, das possibilidades de sinergia entre objetivos empresariais e educacionais; alta gestão, no caso das empresas mais focadas em resultados financeiros de curto prazo; baixa previsibilidade dos cenários para planejamento estratégico, no caso das empresas que poderiam organizar-se como empresas-escola. Quanto às escolas que poderiam assumir atividades negociais tendo em vista a prática de seus alunos, além das complicações de ordem cognitiva, tributária e fiscal, há também dificuldades adicionais para integrar os fluxos dos processos e calendários escolares, por causa da sazonalidade das demandas produtivas.

Educação profissional: integração entre escola e trabalho

A educação profissional é a busca da integração entre escola e trabalho, com vistas a resultados de aprendizagem com alguma equivalência em resultados econômicos. É, essencialmente, uma consequência, seja de um processo educacional planejado para a obtenção de aprendizagem aproveitável nos processos produtivos, seja da vivência de uma ou mais ocupações, que proporciona a evolução da aprendizagem no contexto profissional. No primeiro caso, temos a expressão "educação para o trabalho" como a mais apropriada para designar o processo educacional realizado. No segundo caso, quando a preocupação com a ação educativa está presente como prática, a expressão mais adequada para designar o processo é "educação pelo trabalho". Nas duas situações, o processo educacional e sua resultante não se restringem ao aspecto meramente profissional, uma vez que vida e trabalho são instâncias dinâmicas que se confundem, se integram e se complementam.

A expressão "educação profissional" é de uso recente na educação brasileira, sendo oficialmente introduzida pela atual Lei de Diretrizes e Bases da Educação Nacional (Lei nº 9.394/1996), particularmente em seu capítulo III, artigo 39: "A educação profissional, integrada às diferentes formas de educação, ao trabalho, à ciência e à tecnologia, conduz ao permanente desenvolvimento de aptidões para a vida produtiva".

A tradição educacional brasileira considera a palavra "educação" associada mais à formação geral, que tem como objetivo fundamental o desenvolvimento humano integral sustentado por valores éticos, sociais, políticos, com vistas a preservar a dignidade intrínseca do ser humano e a desenvolver ações na sociedade com base nos mesmos valores.

Por outro lado, a expressão "educação profissional", ou "formação profissional", está mais ligada aos propósitos e valores do mercado, ao domínio dos métodos e técnicas de produção, bem como aos critérios de produtividade, que pressupõem eficácia e eficiência dos processos produtivos, aos quais o trabalhador deve submeter-se com certo número de qualificações e com a aquisição de competências para o trabalho.

Na maioria dos países ocidentais, a preparação para o trabalho – ou a "formação de mão de obra", expressão mais comum – foi destinada principalmente às camadas mais pobres da população, enquanto as escolas propedêuticas eram reservadas às elites. O Brasil, com uma longa história de colonialismo português e de escravismo, foi palco no qual esse fenômeno se mostrou ainda mais gravoso.

Tal postura consolidou a ideia de que o ensino secundário (atual ensino médio, na nomenclatura oficial) e o ensino superior eram destinados à elite detentora do *saber*, cabendo ao ensino profissional qualificar as pessoas que executavam *tarefas manuais*. As Leis Orgânicas da Educação Nacional, aprovadas entre 1942 e 1946, promoveram oficialmente essa separação social. O ensino profissional era considerado, preconceituosamente, educação de segunda categoria.

Mesmo com a evolução conceitual nos marcos legais, ainda hoje há resquícios desse preconceito tanto nas mentes das elites e das classes médias quanto em muitas políticas públicas e compromissos eleitoreiros. A motivação clássica e mais comum para manifestar tal preconceito é a que se refere à oferta de ensino profissional como solução do tipo panaceia para "tirar das ruas" os jovens abandonados ou em risco social, especialmente aqueles passíveis de ser cooptados para o tráfico de drogas.

Em que pesem tais resquícios históricos, é visível a crescente valorização da educação profissional como opção para o desenvolvimento socioeconômico, como possibilidade de ampliação geral do processo educacional e como política pública não apenas integrada a um conjunto de outras políticas sociais, mas também articuladora dos diversos aspectos capazes de viabilizar a sustentabilidade desse conjunto.

Qualidade nas empresas e qualidade na educação

"Qualidade" é outro conceito relevante, tanto no ambiente empresarial quanto no ambiente educacional. A gestão da qualidade dos produtos e serviços é ponto crucial para a sobrevivência, o progresso e a sustentabilidade das empresas. O atendimento ao cliente, proclamado até como rei e como verdadeiro patrão para as empresas de todos os segmentos, em que pese certa ironia ou mesmo hipocrisia em muitas situações, indica que suas necessidades e demandas definem as prioridades e o foco central das atividades empresariais.

No ambiente empresarial, os movimentos para a gestão da qualidade começaram pela área fabril, com foco na engenharia de produção. Começaram pela qualidade dos produtos, com suas medidas, tolerâncias, padrões e especificações técnicas. A mensurabilidade objetiva e pouco questionável de seus indicadores quantificáveis era, com alguma facilidade, a sua principal garantia de replicabilidade. O movimento evoluiu para abranger outros segmentos gerenciais, até chegar ao planejamento estratégico das empresas ou organizações. O desenvolvimento das normas e dos padrões para os produtos ampliou-se globalmente, com critérios internacionais que ajudaram muito na globalização do comércio e no crescimento dos conglomerados empresariais de alcance mundial. Paralelamente, ampliaram-se os indicadores menos objetivos, graças à ampliação das exigências de padronização de processos e de valores, o que passou a demandar muitos debates conceituais, com implicações culturais e políticas relevantes.

Partindo da ideia de que "qualidade" é uma proposição positiva e necessária para empresas e organizações, Deming, Juran, Crosby e Ishikawa apresentam propostas e métodos para que a busca da melhor qualidade seja meta factível e superável. Embora haja divergências nos métodos e nos enfoques prioritários, há pouca preocupação com sutilezas semânticas do conceito de qualidade na área de gestão empresarial.

Em sua evolução, as premissas de gestão da qualidade, inicialmente válidas para o conjunto das empresas industriais, estenderam-se aos serviços agregados, e daí às empresas comerciais e de serviços, cujos processos também passaram a ser auditados com vistas à garantia de qualidade crescente. Qualidade cada vez mais vista como a satisfação do cliente – hoje e sempre!

No campo educacional, "qualidade" é um termo que se presta a múltiplas interpretações, algumas delas contrapondo-se entre si.

Flávia Feitosa Santana tratou do tema com muita competência em sua pesquisa de doutorado, que evoluiu para o livro *A dinâmica da aplicação do termo qualidade na educação superior brasileira*. Embora a autora enfoque sua análise na educação superior no Brasil, suas conclusões podem ser ampliadas para todo o conjunto da educação brasileira regularmente estruturada, e talvez para a maior parte da educação no mundo contemporâneo.

A autora ressalta que as opções oficiais para avaliação da qualidade na educação superior brasileira enfatizam suas características instrumentais, com menor peso ou mero desprezo pela racionalidade crítica. Ela assume sua postura contrária à ênfase nessa racionalidade instrumental, engrossando as fileiras da maioria absoluta dos autores mais respeitados entre os teóricos da educação nacional.

Neste livro, porém, a postura assumida é de que é possível equilibrar as perspectivas instrumental e crítica da concepção de qualidade na educação. Especialmente no caso da educação profissional e da educação proporcionada em ambientes caracterizados como empresas-escola, é viável e necessária a mensuração objetiva de resultados produtivos e educacionais. Ao mesmo tempo, as finalidades da educação, sua adequação aos propósitos de bem-estar social, de ampliação da autonomia e da emancipação das pessoas e da sociedade como um todo, devem ser objeto de constante debate, reflexão e ações corretivas.

As corporações de ofício e as academias

Nas origens da educação profissional, aprender e trabalhar se confundiam como atividades. Eram processos integrados ou, mais que isso, unos. Com a crescente complexidade das estruturas sociais, tais processos foram se tornando cada vez mais separados, embora no caso das novas profissões e dos pequenos negócios ainda permaneçam integrados. A escola ampliou seus objetivos de preparação para a vida e, consequentemente, para o trabalho. Em parte, essa separação trouxe algumas vantagens para o processo educacional. Em parte, trouxe problemas de diversas naturezas, especialmente nas situações em que a escola se tornou um contexto quase isolado da realidade social mais ampla, sem caracterizar uma vida que tenha importância e significado intrínsecos, nem possibilitar a preparação adequada para a convivência no ambiente externo – não escolar.

No caso da educação profissional, por sua especificidade estar mais diretamente relacionada com a execução de atividades em contextos produtivos, a separação entre aprender e trabalhar caracterizou a proposta de precedência da educação formal, que passou a ser vista mais como a "teoria" que fundamenta ou explica as práticas profissionais. A prática profissional passou a ser uma possibilidade só autorizada aos estudantes já aprovados na "teoria" supostamente correspondente. Isso ocorre com maior ênfase na proporção direta da medida da suposta complexidade da profissão e dos riscos eventuais de seu exercício para terceiros. Num país tipicamente cartorial como o Brasil, essa distorção ampliou-se ainda mais do que a média mundial. Assim, em muitos casos, os cursos de educação profissional – nos quais se incluem praticamente todos os cursos superiores (de graduação e de pós-graduação) – configuram-se como uma barreira para o ingresso de novos concorrentes nas respectivas ocupações. No Brasil, a estrutura da educação profissional técnica e dos cursos superiores de graduação está em grande parte baseada em marcos legais de regulamentação profissional e na estrutura complementar de fiscalização do exercício profissional. Nas profissões regulamentadas, só quem passou pela "teoria" é autorizado a iniciar a "prática" profissional. As pressões para regulamentar novas profissões e ampliar as exigências de "fundamentação teórica" para as profissões já regulamentadas constituem um movimento crescente no Brasil.

Na origem dos processos estruturados de educação profissional temos a figura das oficinas de artesanato, nas quais o aprendiz de artesão e o mestre-artesão consistem, simultaneamente, em polos de um processo educacional e de organização do trabalho. Em *Ritos de passagem: gerenciando pessoas para a qualidade*, José Antonio Küller (1996) descreve, com muita propriedade, a estrutura hierárquica do trabalho artesanal: "Na organização do trabalho artesanal, os papéis profissionais de aprendiz, de oficial ou jornaleiro e de mestre-artesão interagem em torno do mesmo produto" (KÜLLER, 1996, p. 35).

Em *Nostalgia do mestre-artesão*, Antonio Santoni Rugiu (1998) afirma que o filósofo e educador norte-americano John Dewey (1859-1952) é a personificação da essência de um movimento nostálgico da formação artesanal. A frase que sintetiza esse pensamento é "os aprendizes, em essência, aprendiam fazendo". Assim, o famoso *learning by doing* de Dewey é, segundo Rugiu, "inspirado no aprendizado artesanal de boa memória" (RUGIU, 1998, p. 19).

Rugiu observa que o movimento saudosista decorreu, também, de uma percepção crítica de que as escolas estavam muito obcecadas com a ideia de que a educação consistia principalmente em "colocar a mente em uma forma", segundo categorias do desenvolvimento mental e comportamental, com base em disciplinas específicas, vistas como ideais para cada categoria correspondente. Exemplos disso são as línguas clássicas, vistas como ideais para desenvolver a capacidade de discursos bem argumentados; a matemática e a geometria, para a capacidade de raciocinar e entender relações de quantidades abstratas e concretas; a filosofia e a religião, para desenvolver a espiritualidade e o senso moral que orientam o comportamento...

Essa visão "(en)formadora" da escola ainda é muito forte no presente e fundamenta muitas das críticas à educação atual, no Brasil e no mundo. A propósito, o próprio termo "ensinar" – que significa "deixar o sinal" – já sugere, segundo Rugiu, a "concepção que via a justa educação como uma série de aplicações de formas ou moldes para modelar sobre a cera mole da psique humana. Exatamente o contrário da pedagogia artesã" (RUGIU, 1998, p. 20-21).

A educação artesanal e as corporações de ofício evoluíram a partir do ensino de pai para filho, quando o aumento da mobilidade social e a crescente divisão social do trabalho foram rompendo com a tradição hereditária automática nas diferentes atividades. Como um pai pescador não era capaz de ensinar ao filho que quisesse ser ferreiro ou ourives, precisava delegar essa função educativa aos profissionais especializados. Essa evolução foi lenta, ao longo de séculos ou milênios. A constante, nesse processo, foi a ênfase na observação da prática dos familiares mais velhos, e depois dos mestres-artesãos, e sua repetição pelos aprendizes, no "aprender fazendo".

As corporações não eram muito padronizadas entre si, e sua diversidade decorria da localização geográfica. Mesmo a essência do método de aprender fazendo era mais forte nas chamadas "artes mecânicas", nas quais era quase exclusivo. Nas artes ditas "liberais" e seus agregados, o método de "aprender ouvindo" tinha relevância crescente. Esse foi o ponto que marcou a divisão, nos últimos tempos das corporações de ofício, entre as vertentes da instrução intelectual, inspirada nas tradições formais, e da instrução profissional, derivada da prática refletida.

O desenvolvimento das corporações de ofício levou-as a montar estruturas de poder cada vez mais fortes. Essa força foi a sua fraqueza: gerou a decadência das corporações a partir do surgimento de contrapontos ao modelo.

As academias, embriões das atuais universidades, evoluíram a partir das oficinas de artes e passaram a adotar modelos formais diferentes da relação patriarcal autoritária das corporações artesanais do início da Idade Média.

A teoria precede e informa a prática ou é a mão que educa a mente?

É muito comum, especialmente nos cursos de graduação, a organização curricular basear-se na premissa que indica a precedência óbvia da teoria para fundamentar qualquer prática, só autorizada quando referida teoria está hipoteticamente bem consolidada. Provas objetivas ou dissertativas supostamente são as ferramentas mais adequadas para avaliar quais alunos podem ser autorizados a praticar o que aprenderam na teoria. Assim são "formados" muitos engenheiros, médicos, professores, administradores...

Essa corrente das teorias de currículo é relativamente recente (final do século XIX e século XX), mas assumiu caráter dogmático na maioria das universidades e escolas superiores, com extensão também para a organização dos currículos do ensino médio e da educação profissional técnica de nível médio. Quando um curso técnico prioriza as abordagens práticas ou fundamenta nas atividades profissionais a organização do processo de aprendizagem, é frequente que muitos analistas critiquem tal enfoque, atribuindo-lhe não apenas falta de fundamentação científica, como também uma conotação de nivelamento "por baixo", de adestramento e de "baixa qualidade". Entretanto, num aparente paradoxo, as estatísticas de empregabilidade posterior à conclusão desses cursos indicam que seus egressos são mais bem aceitos e ascendem mais rapidamente nos seus postos de trabalho e carreiras.

A história da ciência e a história individual do processo de aprendizagem de qualquer pessoa (ou profissional) indicam que a realidade é uma sequência integrada de experimentação (prática), síntese conceitual (teoria), nova experimentação (prática), nova síntese conceitual (teoria), num *continuum* que dificulta perceber onde começa ou onde termina o fluxo, quando se observa o que acontece. Quando o começo do processo num curso formal se dá por explicações, apresentações, leituras ou outros meios de comunicação referentes às sínteses conceituais (teorias) já elaboradas por terceiros ao longo da história de um dado objeto de conhecimento, os aprendizes que não desistem do referido processo, por ser enfadonho ou incompreensível, ou ambos, entram individualmente no ciclo evolutivo de experimentação e síntese pessoal.

Na pesquisa científica, normalmente o foco específico de um dado estudo já é iniciado num momento do processo em que muitos ciclos foram superados, com suas redundâncias, retrocessos, desperdícios e eventuais saltos de desempenho decorrentes de mentes excepcionais ou de pesquisadores especialmente dedicados e perseverantes, aqueles que ilustram as biografias clássicas dos grandes cientistas, grandes inventores ou descobridores. A maior parte deles frequentou muitos laboratórios, "amassou muito barro", enfrentou doenças, contratempos, perigos e frustrações em tentativas, erros, ensaios, ajustes, em subprocessos tipicamente definidos como "práticas", seguidos ou simultâneos a reflexões, debates com pares e até com opositores, novas reflexões, noites insones, sonhos com o tema vivenciado e muitas vezes sofrido. Algumas vezes na história ocorreram *insights* brilhantes, mas a regra mais comum não foi a relatada no mito de Arquimedes saindo nu da banheira para as ruas de Siracusa, aos gritos de *Eureka! Eureka!*, para coroar a descoberta de um dos princípios da hidrostática. Nem mesmo a mente excepcional de Einstein criou a teoria geral da relatividade a partir da mera formulação mágica de uma equação e seus complementos conceituais que se anteciparam em décadas a algumas das possibilidades de comprovação empírica. Houve muita experimentação prática até mesmo para Einstein, assim como para matemáticos e físicos teóricos.

Houve milagres ou supostos milagres na história da humanidade ou na história individual de pessoas normais ou geniais, assim como na história das empresas ou organizações. Mas a combinação dialética de prática-reflexão-prática-reflexão-prática... como o caminho melhor e mais natural para a evolução dos processos de aprendizagem parece ser a constante mais evidente.

Em *Educação profissional: saberes do ócio ou saberes do trabalho?*, Jarbas Novelino Barato (2004) contesta com brilhantismo o modelo hegemônico do par conceitual teoria-prática para explicar o conhecimento e fundamentar a educação. Segundo o autor, na ordem em que esse par é normalmente apresentado – para designar a prevalência da teoria sobre a prática –, é ainda mais grave sua aplicação à didática da educação profissional.

O autor afirma que, para solucionar o falso problema da oposição entre teoria e prática, o modelo educacional hegemônico sugere que a teoria deve articular-se com a prática. A crença desse modelo é que um discurso bem estruturado sobre o fazer (suposto como teoria) resolve essa questão. Os arranjos metodológicos decorrentes são contrários às conclusões da história da psicologia, ao pressupor que primeiro é necessário "teorizar" para depois "fazer".

Segundo Barato, o etnocentrismo é uma das principais explicações para a percepção limitante de que o par teoria-prática explica o conhecimento, e que a teoria é que explica ou fundamenta a prática.

Barato trata isso com a análise das notáveis técnicas de navegação dos marinheiros da Micronésia, abordadas por Sarup e por Hutchins em *Understanding Micronesian navigation*. Essas técnicas permitem navegação em mar aberto, sem instrumentos para determinar longitude e latitude, e os marinheiros são guiados apenas por observações dos astros celestes. Todas as avaliações parecem ser intuitivas. Ficou demonstrado que a navegação dos micronésios é um sofisticado sistema de representação mental, apesar de eles não possuírem uma cultura letrada nem cálculos formalizados em símbolos e linguagens especiais. O autor considera que isso deve explicar por que muitos antropólogos viram essas técnicas de navegação como mero conhecimento prático, tão primitivo como a "arte infantil" dos indígenas da Mesoamérica. Finaliza com a crítica acerca das visões sobre a escola, percursos de aprendizagem e formação dos trabalhadores que são fundamentadas nesse modo preconceituoso e equivocado de julgar conhecimentos técnicos.

Mike Rose, em *O saber no trabalho: valorização da inteligência do trabalhador*, analisa diferentes ocupações consideradas de baixa exigência intelectual e demonstra que em todas elas há riqueza de componentes sofisticados que ultrapassam em muito a avaliação de que são "meras habilidades" psicomotoras. Professor da Universidade da Califórnia em Los Angeles (Ucla), na pós-graduação da Escola de Educação e Informação, Mike Rose é filho de uma garçonete, tendo crescido numa família de classe trabalhadora e testemunhado as habilidades necessárias para executar trabalhos manuais. Nessa obra, ele examina as pesquisas mais recentes nas ciências sociais e cognitivas. Combina as conclusões desses estudos com a opinião de pessoas da classe trabalhadora, apresentando um rico panorama da complexidade de saberes, inerentes a toda e qualquer ocupação, seja qual for seu *status* na hierarquia de remuneração ou de valorização social que um dado momento histórico ou contexto geográfico lhe atribua. Para o autor, "em todo trabalho digno, há participação de uma mente e seu saber, e os valores que lhe são atribuídos estão intimamente relacionados ao raciocínio e à ação" (ROSE, 2007, p. 14).

Mike Rose analisa com muita propriedade as dificuldades da educação profissional, especialmente nos contextos sociais em que as profissões têm pouca valorização social e seus estudantes tiveram baixa escolarização formal ou foram dela total ou parcialmente excluídos.

Mesmo em hospitais-escola, contextos de empresas-escola nos quais as profissões, que são os objetos de aprendizagem e ensino, envolvem estudantes selecionados entre os supostamente mais aptos do ponto de vista acadêmico e intelectual, essa abordagem do autor ainda apresenta muita validade, em razão de outras nuanças advindas da complexidade existente na relação de aprendizagem das atividades concretas envolvidas, especialmente da suposição (falsa!) de que o conjunto de disciplinas compartimentadas que foram estudadas previamente à vivência no ambiente de atendimento real se articulará de modo automático na mente de cada residente ou graduando, com a resolução das contradições entre afirmações das diferentes correntes de pensamento acadêmico. Isso tudo sem considerar os possíveis "feudos" de poder comumente existentes nos meios acadêmicos, em que os "doutores" se endeusam e são endeusados para muito além de suas reais competências... Reais, de fato, são os pacientes com suas dores, ansiedades e expectativas, que sofrem, choram, morrem... E seus familiares – normalmente sua antítese –, impacientes e com frequência dispostos a brigar na Justiça por ressarcimento de deslizes, efetivos ou supostos.

Na conclusão de seu livro, Mike Rose tece uma série de considerações muito úteis para o planejamento de atividades de aprendizagem em empresas-escola. Ele analisa o uso de ferramentas e instrumentos, com demandas importantes em relação à postura física, ao equilíbrio corporal e a habilidades motoras. Isso envolve conhecimentos sobre características dos instrumentos, processos, limites e possibilidades em cada contexto. Envolve também decisões por vezes complexas e que exigem criatividade.

O autor afirma que a moderna psicologia cognitiva trata o planejamento e a solução de problemas como elementos centrais nas definições ocidentais de inteligência. Trabalhar é resolver problemas, segundo Rose. Ele considera o laboratório do psicólogo e o local do trabalho como similares para a análise dos processos e das atividades. A diferença é que no local de trabalho eles não estão isolados, mas combinados, embutidos nos ritmos, rotinas, distrações e demais elementos complexos do fluxo do trabalho em tempo real (ROSE, 2007).

O autor atenta para a natureza social e interativa do trabalho físico, como no caso de carregadores de mudança ao determinar como descer um fogão pelas escadas, ou como o planejamento só aparentemente simples e intuitivo para o trabalho de encanadores e carpinteiros. Esses esforços conjuntos exigem coordenação e negociação, mesmo quando não envolvem diálogos verbais. Ele enfatiza que essa dimensão é uma forma de manifestação de muita inteligência do trabalho, com quantidade significativa de ensino e aprendizado, embora isso seja pouco percebido externamente, porque ocorre de maneira informal e indireta (ROSE, 2007).

A leitura integral do livro de Mike Rose pode ser muito instrutiva para quem atua como docente ou como estudante em qualquer empresa-escola, ou mesmo para quem trabalha numa organização de qualquer natureza e precisa aprender mais para continuar a ela vinculado, apesar das vicissitudes da economia contemporânea.

As abordagens e os autores escolhidos neste tópico buscam enfatizar a relevância de atividades significativas em contextos reais como essencial para os processos cognitivos, os quais incluem e valorizam tanto os saberes estruturados por códigos acadêmicos quanto aqueles subjacentes a desempenhos operacionais aparentemente simples ou automatizados.

A síntese sobre empresas-escola, proposta neste livro como reflexão inicial voltada para as possibilidades de uma didática estruturada em função dessas organizações complexas, é que as atividades concretas nesse contexto de aprendizagem (pensada junto com a produção ou a prestação de serviços) podem trazer um conjunto de oportunidades relevantes para o foco na atividade. Essa atividade é caracterizada pela multiplicidade de interações sociais necessárias, pela riqueza de fluxos, convergências, divergências e contradições, e pelo fazer-saber que deve permear a busca de resultados empresariais ao mesmo tempo que organiza, em cada estudante, aprendiz-trabalhador, o desenvolvimento do complexo processo de integrar conhecimentos, destrezas e valores que definem o *ethos* da profissão por ele escolhida. Mais do que a aprendizagem individual, entretanto, importa considerar que o ambiente é propício para aprendizagens coletivas, que incluem todos os estudantes, professores e outros profissionais direta ou indiretamente envolvidos. Em suma, a própria organização empresa-escola pode aprender e crescer com as interações presentes nas atividades que a sustentam. Esse é o sonho, possível ou utópico, algumas vezes transformado em realidade.

Voltando à questão contida no título deste tópico, talvez seja possível responder que "a mão – ou o corpo – educa a mente, que educa a mão, que educa a mente". Há multidirecionalidade nos processos de aprendizagem, numa espécie de espiral que alterna idas e vindas, preferencialmente com o caminho que a descreve indicando um rumo ascendente. Cada saber específico tem caminhos mais curtos ou mais adequados para a obtenção do melhor fluxo de aprendizagem. A atividade inerente a tais caminhos, combinada com as características presentes no grupo de aprendizes-profissionais disponíveis em cada momento e lugar – especialmente no caso da aprendizagem de processos, demanda mais frequente nas empresas-escola –, é que informará, para cada caso, o melhor ponto da espiral para início da aprendizagem, ou como seguir adiante caso a entrada seja oportuna ou viável apenas no ponto mais complexo ou aparentemente mais difícil.

Enquadramentos jurídicos das empresas-escola existentes no Brasil

A maioria das empresas-escola no Brasil está vinculada a outra organização, e opera como espécie de subsidiária, seja de uma instituição educacional, seja de um órgão do governo.

No Brasil, o principal fator restritivo para que mais organizações produtivas se configurem como empresas-escola decorre das exigências fiscais para isenção de tributos ou para opção pelo regime de tributação de instituição educacional. É especialmente comum fazendas-escola e outras unidades produtivas com elevado potencial de operação integrada com atividades educacionais preferirem descaracterizar suas atividades produtivas, definindo-as apenas como experimentais e destinando seus produtos para consumo interno ou para doação a instituições de caridade.

A área de saúde é a que mais facilmente se integrou ao modelo tributário nacional, especialmente porque, no sistema de classificação fiscal, esse setor tem mais afinidade com a área educacional. Além disso, as exigências formais de prática médica e de enfermagem levaram o marco legal brasileiro a configurar algumas possibilidades de enquadramento, inclusive a possibilidade de obter financiamento complementar para os serviços prestados.

As configurações mais usuais de hospitais-escola são fundações – públicas, privadas e mistas –, autarquias e associações sem fins lucrativos. Há alguns casos de vínculo com a administração pública direta e algumas ocorrências, mais raras, de empresas com fins lucrativos.

Desde 2007 o Governo Federal tenta padronizar a configuração jurídica dos hospitais universitários federais para o formato de fundação estatal de direito privado, que poderia dar mais flexibilidade gerencial, por ser modelo mais assemelhado ao de empresas públicas ou de economia mista.

Essa intenção do Governo Federal de padronizar a configuração jurídica dos hospitais-escola para fundação estatal vem causando reações corporativistas, pois uma vez implementada implicará menos garantias de emprego estável, quando comparadas com a administração direta e com as autarquias. Os gestores, por outro lado, aplaudem essa alteração, uma vez que a excessiva rigidez dos processos para concursos públicos na administração direta e a frequência com que funcionários públicos deixam de cumprir suas obrigações, não podendo ser exonerados, geram muitos problemas nas condições de operação dos hospitais de ensino.

O Projeto de Lei Complementar (PLC) 92/2007, após quinze anos ainda em tramitação no Congresso Nacional (sem movimentação desde agosto de 2009), permite compreender o seu potencial de alterar o funcionamento de grande parte das atuais empresas-escola existentes, composta pelos hospitais-escola vinculados à administração federal.

Por analogia, a aprovação dessa proposta ampliará as possibilidades de soluções similares para os hospitais-escola mantidos pelas administrações estaduais e municipais.

Em síntese, uma fundação estatal tem as seguintes características:

- Ente público, da administração indireta do Estado, ao lado das autarquias, fundações autárquicas, empresas públicas e sociedades de economia mista.
- Criada por autorização legal para o exercício de atividades públicas em áreas que não exigem o uso do poder de polícia do Estado.
- Suas competências são estabelecidas pela lei de criação, assim como seu sistema de governança e outras definições básicas.
- É supervisionada pela administração direta.
- É controlada pela Controladoria-Geral da União (CGU) e pelo Tribunal de Contas da União (TCU).
- Deve observar os princípios constitucionais da administração pública em todas as suas atividades.
- É obrigada a fazer concurso público para admissão de seus quadros funcionais.
- Deve fazer licitação, de acordo com a Lei nº 8.666/1993, que regula as licitações.
- Segue princípios de governança democrática, com mecanismos de controle social e de participação no processo decisório.
- Como não exerce funções de fiscalização, regulação e outras atividades que exigem poder de polícia, tem um regime administrativo similar ao das empresas estatais, como Correios, Hemobrás, Banco do Brasil, Petrobras.

No novo formato proposto para debate no Congresso Nacional, a fundação estatal preserva suas características de ente da administração indireta, sujeito à supervisão dos órgãos da administração direta, aos mecanismos de controle interno e externo do Estado e à observância dos dispositivos do artigo 37 da Constituição Federal, inclusive quanto à realização de concurso público e submissão às regras legais para compras e contratos, além de abertura de processo administrativo para demissão. São introduzidos requisitos coerentes com o paradigma da gestão pública participativa e democrática, ou seja, com os princípios do Sistema Único de Saúde (SUS), tais como a previsão de um sistema de governança ampliado, com participação social e adoção de mecanismos de gestão por resultados.

Com relação aos hospitais universitários federais, será necessária ainda sua aprovação como fundação pública de direito privado pelo respectivo conselho universitário. Trata-se de um processo gradual e com definição de responsabilidades.

A fundação estatal é um organismo da administração pública com flexibilidade e autonomia mais amplas do que as das atuais autarquias e fundações públicas de direito público. Poderá dispor de instrumentos administrativos de natureza privada e, nesse sentido, é comparável a uma empresa pública estatal.

A aprovação de um modelo comum para a configuração jurídica dos hospitais-escola e demais empresas-escola em atividades da área social poderá diminuir os entraves à boa operacionalização dessas organizações. Porém, como veremos adiante, a maior dificuldade na gestão dessas empresas-escola é conseguir o equilíbrio adequado entre o foco educacional e o foco produtivo ou empresarial.

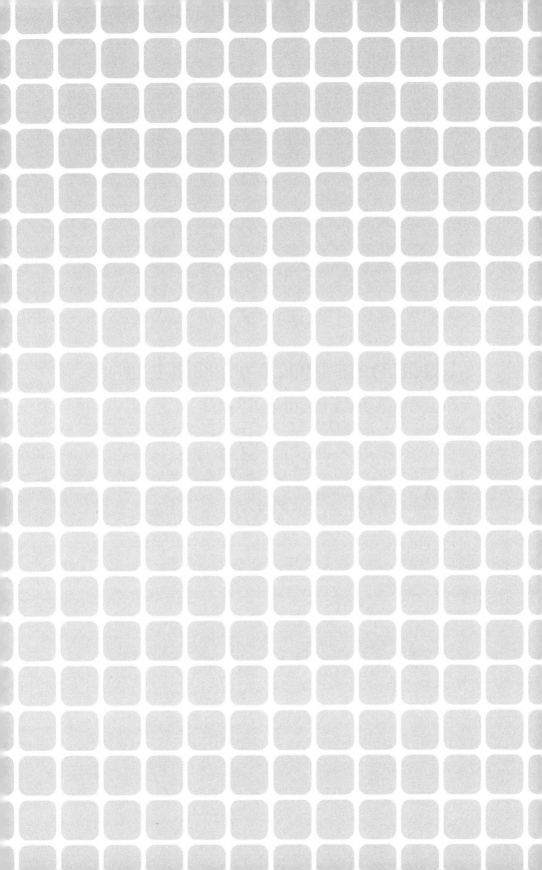

2

Educação em saúde: o principal foco das empresas-escola atuais

A representação dos hospitais-escola no universo brasileiro de empresas-escola chega a ser quase hegemônica. Isso decorre não apenas da grande quantidade de faculdades ou escolas de medicina e de enfermagem, que demandam ambientes de trabalho com situações reais de funcionamento, estruturados para atividades práticas supervisionadas, mas principalmente da residência médica. Embora a residência médica ainda não seja condição obrigatória para o exercício profissional e o registro num Conselho Regional de Medicina, as oportunidades de melhor remuneração são bem maiores para os médicos que têm em seu currículo a participação em um programa de residência médica, tendo obtido por essa via um título de especialista.

A maioria dos especialistas com residência médica está concentrada na região Sudeste, assim como a maior parte das ofertas de vagas para residentes.

Para o propósito deste livro, devemos considerar hospitais-escola as unidades hospitalares que têm atividades formais de práticas supervisionadas ou mesmo de atividades de observação e estudo do meio, mediante as quais os estudantes de medicina ou de enfermagem realizam sua aprendizagem nos cursos de graduação. No caso da enfermagem, há também as práticas supervisionadas dos estudantes de cursos técnicos de nível médio, que qualificam auxiliares de enfermagem e técnicos de enfermagem ou desenvolvem especialistas em áreas de atendimento segmentado. Embora a legislação educacional específica da enfermagem trate tais práticas curriculares como "estágio profissional supervisionado", elas têm uma rígida configuração de atividades que as difere dos estágios profissionais de outras áreas e ocupações, até mesmo de outras profissões da área de saúde. Isso significa que um hospital que oferece campo de estágio está assumindo formalmente, mediante convênio com a instituição educacional, a obrigação de também oferecer educação profissional regulamentada. Assim, inclusive nos hospitais que não têm oferta de vagas para residência médica, há uma configuração estruturada de duplo objetivo: prestação de serviços de saúde à população e educação profissional técnica de nível médio ou educação superior para graduação ou pós-graduação de profissionais de saúde.

Segundo dados do Conselho Federal de Medicina (CFM), a cada ano são oferecidas novas vagas em número equivalente a mais de 5% do total de médicos ativos inscritos em algum Conselho Regional de Medicina (CRM) do Brasil. Esses dados indicam a dimensão da demanda pelo papel educacional dos hospitais-escola e de outras unidades de saúde na oferta de condições práticas para a educação desses novos profissionais.

Em 16 de maio de 2022, o CFM indicava a existência de 537.427 médicos ativos com inscrição primária em algum CRM (CFM, 2022).

Também em maio de 2022, de acordo com o portal Escolas Médicas do Brasil, existiam 354 escolas de medicina no país, com oferta de mais de 35 mil vagas iniciais no 1º ano (ESCOLAS MÉDICAS DO BRASIL, 2022).

Há forte resistência do Conselho Federal e dos Conselhos Regionais de Medicina ao que é por eles considerado um excesso de oferta de vagas em cursos de medicina, com o consequente aumento da relação médico/habitantes. No caso do estado de São Paulo, já existem muito mais médicos por mil habitantes do que no Canadá, por exemplo. Essa resistência deve ter sido acirrada especialmente pelo aumento explosivo de novas escolas médicas nos anos iniciais deste século.

O fenômeno de ampliação acelerada do número de vagas iniciais nos cursos de medicina tem gerado preocupações nos Conselhos Regionais de Medicina, expressas por meio de críticas frequentes à qualidade do ensino médico e propostas de exames similares aos que são feitos pela Ordem dos Advogados do Brasil, como requisito complementar – além do diploma de graduação – para obtenção da credencial CRM, que permita o exercício profissional.

Neste livro, o que mais interessa é o fato de que o crescimento quase exponencial das escolas de medicina nesses últimos anos tem gerado demanda equivalente de crescimento das oportunidades de prática médica em ambientes de aprendizagem que podem configurar-se como empresas-escola.

Além dos hospitais-escola vinculados ou conveniados com alguma das escolas de medicina existentes no país, há também configurações similares ao duplo papel característico de empresa e de escola.

A recente revisão das diretrizes curriculares dos cursos superiores, em especial a nova proposta dos cursos de medicina, com maior foco na atenção primária à saúde, tenderá também a caracterizar parte significativa dos postos, clínicas e centros de saúde de bairros e de pequenos municípios como empresas-escola. Em tais ambientes, a prática médica e a prática de enfermagem precisarão configurar-se em situação integrada de trabalho e de aprendizagem para os novos profissionais. É essa integração que caracteriza a essência do conceito de empresa-escola.

Hospitais-escola, hospitais de ensino e hospitais universitários

Há uma sutil distinção entre o conceito de hospital-escola aqui enfocado e a definição legal de hospital de ensino e pesquisa e de hospital universitário. Hospital-escola, como tratado neste livro, é todo hospital oficialmente utilizado como campo de observação direta e prática médica supervisionada em cursos de graduação ou pós-graduação de medicina, enfermagem ou outras profissões da área de saúde. Os cursos e programas têm as atividades no hospital-escola formalmente registradas como ambientes de aprendizagem que integram os currículos acadêmicos.

O conceito de hospital de ensino está legalmente definido por normas do Ministério da Educação e do Ministério da Saúde. Conforme definição deste livro, todos os hospitais de ensino são hospitais-escola. Entretanto, a recíproca não é verdadeira. Para serem legalmente reconhecidos como hospitais de ensino, os hospitais-escola precisam pleitear a certificação dessa condição, atender a exigências formais e submeter-se a credenciamento decorrente de processo especial de avaliação.

Quanto aos hospitais universitários, o Ministério da Educação os define como "centros de formação de recursos humanos e de desenvolvimento de tecnologia para a área de saúde" (BRASIL, 2022a). O conceito de hospital universitário às vezes se confunde com o de hospital de ensino. A diferença é que o hospital universitário está diretamente vinculado a uma universidade ou instituição de ensino superior, enquanto o hospital de ensino não tem, necessariamente, esse vínculo. Além disso, considerando que no Brasil o credenciamento é condição necessária para que um hospital-escola seja oficialmente reconhecido como hospital de ensino, é possível afirmar que hospitais universitários sem esse credenciamento não são formalmente considerados hospitais de ensino. Nessa hipótese, não almejada, ele continua a ser hospital universitário (e hospital-escola), porque está vinculado a uma universidade, mas não receberá os recursos e o mérito decorrentes do reconhecimento oficial, que é uma forma especial de acreditação.

A. C. Medici, em seu estudo originalmente realizado no Banco Interamericano de Desenvolvimento, pesquisou a situação de hospitais universitários em 22 países, e os dividiu em três subgrupos:

- alta renda – Suíça, Japão, Suécia, França, Holanda, Austrália e Reino Unido;
- média renda – Coreia do Sul, Chile, Jamaica, Colômbia, Marrocos, Filipinas e Albânia;
- baixa renda – Egito, Indonésia, Paquistão, China, Benin, Nigéria, Tanzânia e Vietnã.

Segundo o autor, o conceito internacional mais comum para hospital universitário inclui algumas condições: ser extensão de um estabelecimento de ensino na área de saúde; realizar treinamento universitário na área de saúde; ser reconhecido oficialmente; e realizar atendimento médico de maior complexidade (MEDICI, 2001).

Associação Brasileira de Hospitais Universitários e de Ensino

A Associação Brasileira de Hospitais Universitários e de Ensino (Abrahue) é uma sociedade civil, sem fins lucrativos, com personalidade jurídica de direito privado, que congrega, por seus diretores, os hospitais universitários e de ensino, qualquer que seja sua natureza jurídica. A Abrahue foi fundada em 10 de outubro de 1989, no XXVII Congresso da Associação Brasileira de Educação Médica (Abem).

A Abrahue tem mais de uma centena de hospitais universitários e de ensino associados. São hospitais da rede federal e de redes estaduais, municipais e de organizações filantrópicas. Há casos em que os hospitais estão agrupados em complexos hospitalares e casos em que estão individualizados. Ou seja, dependendo do critério de agrupamento, os números podem aumentar ou diminuir. Isso vale para todas as formas de classificação de hospitais-escola, pois eles são organizados por critérios diferentes conforme o interesse classificatório. Assim, com relação à classificação por CNPJ, por exemplo, há razões para agrupar as diversas unidades de uma instituição ou organização numa só pessoa jurídica e outras tantas para considerá-las distintas entre si, cada qual com seu próprio CNPJ. Já nos diferentes cadastros de órgãos públicos – Ministério da Educação, Ministério da Saúde, conselhos e associações de especialidades médicas – há conveniência em destacar unidades ou institutos. Ou seja, assim como a Universidade de São Paulo (USP) pode apresentar-se como o conglomerado de faculdades, institutos e escolas que é, o CRM só destaca suas faculdades de medicina, e o Conselho Regional de Engenharia e Agronomia (Crea) considera apenas suas faculdades de engenharia e agronomia.

Associação Brasileira de Educação Médica

Do lado das faculdades e escolas de medicina, a representação institucional é feita pela Associação Brasileira de Educação Médica (Abem), que conta atualmente com 273 escolas de medicina associadas. A Abem é uma sociedade civil de âmbito nacional, fundada em 1962. É constituída por sócios institucionais, como centros, faculdades, escolas, instituições e cursos vinculados à educação médica, além de sócios individuais, honorários e beneméritos. O foco essencial da Abem é o aprimoramento da educação médica, conforme explicitam os objetivos fixados em seu estatuto (ABEM, 2022).

A Abem realiza anualmente, desde 1963, o Congresso Brasileiro de Educação Médica (Cobem). No momento em que escrevo, em 2022, após dois anos de congressos em modo virtual, está programada para acontecer em Foz do Iguaçu, de 3 a 6 de novembro, a 60ª edição do evento, dessa vez presencial. O tema central será "Ciência, Cuidado e Resiliência na Educação Médica" (COBEM, 2022).

A residência médica e suas implicações

A residência médica é uma pós-graduação para o graduado em medicina. Na verdade, é a mais procurada e mais valorizada das opções de pós-graduação para o exercício da medicina, a que mais atrai os jovens médicos que querem progredir profissionalmente. Chegou ao Brasil na década de 1940 e aqui permanece até hoje, baseada no modelo criado pelo médico-cirurgião norte-americano William Stewart Halsted (1852-1922).

No Brasil, a residência médica não é obrigatória, embora muitas pessoas assim a considerem, porque os médicos mais conhecidos quase sempre são especialistas com residência médica em algum hospital caracterizado como referência nacional ou internacional. Um médico graduado pode atuar profissionalmente como generalista ou optar por alguma especialidade, assim como seguir carreira acadêmica de ensino e pesquisa, ingressando em programas de mestrado e doutorado. As carreiras iniciais em postos públicos ou clínicas particulares podem ser exercidas sem a residência médica, mas sua realização certamente amplia significativamente as possibilidades de progresso na carreira e de melhor remuneração.

Para os jovens profissionais e ainda estudantes, a residência médica caracteriza-se como uma prova de resistência física e mental. São longas horas de trabalho, normalmente em plantões com muita pressão e nem sempre com as condições ideais, ou mesmo aceitáveis, para o exercício profissional adequado.

A formalização dos cursos e da prática da residência médica ocorreu no Brasil há quase cinquenta anos. O Decreto nº 80.281, de 5 de setembro de 1977, regulamentou a residência médica e instituiu a Comissão Nacional de Residência Médica (CNRM). Houve atualização das normas pelo Decreto nº 7.562, de 15 de setembro de 2011. Atualmente, a CNRM é composta de doze membros: dois representantes do Ministério da Educação, como membros natos; um representante do Ministério da Saúde, como membro nato; um representante do Conselho Nacional de Secretários de Saúde; um representante do Conselho Nacional de Secretários Municipais de Saúde; um representante do Conselho

Federal de Medicina; um representante da Associação Brasileira de Educação Médica; um representante da Associação Médica Brasileira; um representante da Associação Nacional de Médicos Residentes; um representante da Federação Nacional de Médicos; um representante da Federação Brasileira de Academias de Medicina; e um médico de reputação ilibada, docente em cargo de provimento efetivo em Instituição de Educação Superior pública, que tenha prestado serviços relevantes ao ensino médico, à residência médica e à ciência médica em geral.

A regulamentação do trabalho dos médicos residentes e da especialização profissional correspondente aos cursos de pós-graduação que caracterizam o desenvolvimento profissional é outra base essencial para a configuração de hospitais-escola, em especial no caso dos que se enquadram na figura de hospitais universitários e de ensino.

Os Conselhos Regionais de Medicina defendem que a residência médica seja ampliada e até considerada obrigatória para o registro definitivo dos médicos na categoria profissional. Entretanto, sua implementação esbarra no crescimento acelerado da oferta de vagas iniciais nos cursos de graduação em medicina, associado a altos índices de aprovação. Ou seja, a maior parte dos que iniciam o curso consegue concluí-lo sem dificuldades, o que amplia a necessidade de vagas iniciais na residência médica.

Isso significa que ainda será necessário ampliar o total de vagas em R1 para que seja possível alcançar o total de graduados. Isso sem considerar a defasagem acumulada de médicos já graduados que pretendem fazer R1 e ainda não o conseguiram, e daqueles que tencionam iniciar sua segunda especialização em residência médica.

Os estágios práticos de enfermagem

Os estágios supervisionados são regulados, no Brasil, pela Lei Federal nº 11.788, de 25 de setembro de 2008. O tema será retomado neste livro com mais profundidade, especialmente quanto aos aspectos que equiparam a empresas-escola todas as organizações que recebem estagiários e estão alinhadas com o conceito aqui analisado.

Neste tópico, os estágios práticos de enfermagem merecem abordagem própria, tanto para os cursos técnicos de nível médio – auxiliar e técnico de enfermagem – quanto para os cursos superiores, que habilitam bacharéis e licenciados em enfermagem. Nesses casos, há roteiros criteriosos e historicamente definidos para que todos os protocolos essenciais da atividade profissional correspondente sejam observados e praticados em pequenos grupos, sob estrita supervisão de um profissional docente com experiência, devidamente registrado e cadastrado como responsável técnico no Conselho Regional de Enfermagem (Coren). Uma consequência desse fato é que todas as organizações da área de saúde que recebem alunos estagiários dos cursos de enfermagem passam a ter uma condição típica de empresa-escola, mesmo que não se trate de um hospital de ensino ou hospital universitário formalmente caracterizado.

O impacto dos cursos de graduação em enfermagem não chega a ser muito relevante para a demanda de atividades de aprendizagem em hospitais-escola, porque há menor quantidade de estudantes de enfermagem na graduação e porque a duração mínima de seus estágios supervisionados corresponde a 20% da carga horária total do curso, cujo mínimo total é de 4 mil horas. Ou seja, cada estudante de graduação em enfermagem tem pelo menos 800 horas de estágio obrigatório. Há diretrizes curriculares específicas para os cursos de técnico de nível médio de enfermagem que apresentam exigência de pelo menos metade da carga horária mínima de 1.200 horas destinada a estágio profissional supervisionado obrigatório. São no mínimo 600 horas de estágio com presença obrigatória em grupos de no máximo dez estudantes, sob supervisão direta de um enfermeiro e da equipe de enfermagem do hospital que os recebe. A oferta de cursos técnicos de nível médio na área de enfermagem é bem maior do que a oferta de cursos de graduação nessa área. A carga horária do estágio é quase a mesma nos dois casos, além de ser concentrada em cerca de dois anos nos cursos técnicos, pois essa é a duração média de um curso técnico para estudantes que já tenham concluído o ensino médio.

Em suma, muitos dos hospitais que não são caracterizados como hospitais-escola por não serem formalmente vinculados a um curso de graduação em medicina, nem ofertantes de vagas de residência médica, passam, na prática, à condição de empresa-escola porque oferecem estágio supervisionado. Assim, passam a ter vinculação com um curso regular de graduação ou técnico de nível médio na área de enfermagem. O mesmo ocorre com clínicas, postos de saúde, *spas* e outros estabelecimentos de saúde que são campos dos estágios supervisionados desses cursos.

A prática profissional em farmácia, fisioterapia, odontologia, psicologia e outras profissões da área de saúde

Em farmácia, fisioterapia, odontologia, psicologia e demais profissões da área de saúde, não há exigência de empresas-escola na estrutura curricular dos cursos correspondentes. Na história desses cursos tampouco houve ênfase no modelo de atendimento prático mais similar ao de empresas. Quando há atendimento ambulatorial a pacientes, normalmente a escolha se faz com base em indicações de alunos ou professores. Na realidade, os pacientes escolhidos são apresentados como "modelos" para demonstração ou aprendizagem prática de técnicas específicas. Portanto, não é a demanda de clientes (pacientes) que orienta o planejamento das atividades práticas, como ocorre num hospital-escola ou em qualquer empresa-escola. É o planejamento curricular das aulas e das disciplinas que define o momento em que uma dada prática é necessária, e então são procurados casos concretos que possam ser objeto da referida atividade didática.

Os cursos destinados a qualificar para tais profissões utilizam-se muito mais de ambientes de aprendizagem para práticas simuladas ou controladas e laboratórios específicos para estudos e pesquisas, associados aos estágios supervisionados em empresas e organizações da área. Esses estágios são organizados em formatos similares aos dos cursos destinados a todas as demais profissões, porém com alguns protocolos mais estruturados e outros planejados em função dos objetivos curriculares dos respectivos cursos. O atendimento a pacientes, nesses casos, é frequentemente enquadrado nas atividades de extensão universitária e classificado como função de responsabilidade social, contemplada no balanço social das instituições. É raro haver cobrança financeira direta pelos serviços, como também é pouco frequente o uso de recursos públicos especiais para financiar os atendimentos.

As farmácias-escola

As farmácias-escola, ou farmácias universitárias, são exemplos de ambiente estruturado em função de atividades mais características de estágio profissional em combinação com atividades de extensão. A seguir, destacam-se algumas farmácias universitárias, ligadas a importantes instituições de ensino públicas e privadas.

- *Farmácia universitária da Faculdade de Farmácia da Universidade Federal do Rio de Janeiro*

A farmácia universitária da UFRJ existe desde 1986 e "funciona como um campo para a pesquisa farmacêutica, colocando o alunado em contato direto com a manipulação de formas farmacêuticas para pacientes de clínicas especializadas". A farmácia realiza cerca de 300 atendimentos diários e oferece medicamentos a preço de custo aos clientes (UFRJ, 2007).

▶ *Farmácia-escola da Universidade de Santa Cruz do Sul (Unisc)*

A farmácia-escola está localizada no Centro de Convivência da Unisc e se propõe a oferecer as condições de estágio, pesquisa e treinamento aos acadêmicos do curso de farmácia, além do atendimento e da prestação de serviços à comunidade universitária. Além de servir à graduação, promove atividades de extensão, com oferta de medicamentos de qualidade e de baixo custo (UNISC, 2022).

▶ *Farmácia universitária da Faculdade de Farmácia da Universidade Federal Fluminense*

A farmácia universitária da UFF era uma antiga aspiração da comunidade farmacêutica da UFF. A farmácia foi aberta ao público em julho de 1996, com atendimento inicial para pacientes dos ambulatórios do hospital universitário. Posteriormente o atendimento foi ampliado para outros pacientes (UFF, 2022).

Estágios supervisionados em outras profissões da área de saúde

Nas demais profissões da área de saúde nominadas no título deste tópico – fisioterapia, odontologia e psicologia –, o atendimento ao público também ocorre quase sempre por meio de atividades que integram o ensino à extensão, em clínicas odontológicas, fisioterápicas ou de atendimento psicológico, como unidades independentes ou integradas aos hospitais universitários, ou como unidades de saúde-escola. Na prática, tais atividades têm muito mais o caráter de estágio supervisionado do que de operação de uma empresa-escola.

As clínicas odontológicas universitárias são as mais antigas, até porque as faculdades de odontologia foram criadas junto com as de farmácia, no início do século passado, ainda como especialidades da medicina. Exemplo disso é a Escola de Farmácia, Odontologia e Obstetrícia de São Paulo, criada em 7 de dezembro de 1900 (ROSENTHAL, 1995).

As faculdades de psicologia começaram bem posteriormente, em 1937 (ABEPSI, 2012), enquanto os cursos de fisioterapia já são do último quartil do século XX (ROSA FILHO, 2012).

Ainda são exceções os casos de unidades de saúde-escola e similares que se configuram formalmente como empresas-escola e que buscam integrar as diversas habilitações profissionais da área de saúde no fluxo de atendimentos aos clientes e usuários. A Unidade Saúde Escola da Universidade Federal de São Carlos é um dos exemplos de configuração de um conjunto de cursos da área de saúde voltado para o atendimento ao público. Nesse caso, a integração também inclui, obviamente, os cursos de enfermagem e de medicina (UFSCAR, 2022b).

Embora a Lei Federal nº 11.129, de 30 de junho de 2005, tenha instituído formalmente o Programa de Residência Multiprofissional em Saúde e criado a Comissão Nacional de Residência Multiprofissional em Saúde (CNRMS), em moldes similares aos da CNRM, essa decisão foi tomada no bojo de um conjunto de medidas destinadas a ampliar a inclusão de jovens no mercado de trabalho, o que diminuiu o peso relativo da proposta de integração entre a educação para o trabalho, realizada no ambiente escolar, e a educação pelo trabalho, que pode se efetivar nos ambientes organizacionais. A ementa da lei resume seu escopo múltiplo: "Institui o Programa Nacional de Inclusão de Jovens – ProJovem –; cria o Conselho Nacional da Juventude (CNJ) e a Secretaria Nacional de Juventude; altera as Leis nº 10.683, de 28 de maio de 2003, e nº 10.429, de 24 de abril de 2002; e dá outras providências".

Apenas os artigos 13 e 14 da Lei nº 11.129/2005 tratam da residência multiprofissional na área de saúde. O artigo 13 define a residência em área profissional da saúde como pós-graduação *lato sensu*, com foco na educação em serviço e "para favorecer a inserção qualificada dos jovens profissionais da saúde no mercado de trabalho, particularmente em áreas prioritárias do Sistema Único de Saúde" (§ 1º) (BRASIL, 2005). O artigo 14 cria a Comissão Nacional de Residência Multiprofissional em Saúde (CNRMS), vinculada ao Ministério da Educação e organizada conforme "ato conjunto dos ministros de Estado da Educação e da Saúde" (BRASIL, 2005).

A CNRMS foi efetivamente implantada a partir de julho de 2007 e conta com diversas representações institucionais: Ministério da Saúde; Ministério da Educação; Conselho Nacional de Secretários de Saúde (Conass); Conselho Nacional de Secretarias Municipais de Saúde (Conasems); Fórum Nacional de Residentes Multiprofissionais em Saúde; Fórum das Entidades Nacionais de Trabalhadores na Área de Saúde (Fentas); Fórum Nacional de Educação das Profissões na Área de Saúde (FNEPAS); Fórum das Executivas de Estudantes dos Cursos da Área da Saúde e Instituições de Ensino Superior. Além dessas representações institucionais, há participação de coordenadores de programas de residência multiprofissional em saúde, tutores e preceptores de programas de residência multiprofissional em saúde.

A Associação Brasileira de Educação Médica manifesta-se com visão otimista sobre os programas de residência multiprofissional em saúde e sua oficialização.

É bem possível que o tempo se encarregue de ampliar a relevância efetiva da residência multiprofissional e da residência em área profissional da saúde (diversa da medicina), mas é pouco provável que isso aumente de maneira significativa o número de hospitais-escola e de outras empresas-escola na área de saúde da mesma forma que ocorreu após mais de trinta anos da implantação da residência médica no Brasil.

3
Aprendizagem baseada em problemas

A aprendizagem baseada em problemas (ABP) é a versão nacional da metodologia didática denominada *problem-based learning* (PBL). A sigla PBL é mais conhecida e mais utilizada na literatura da área.

Neste livro, a metodologia PBL é apresentada logo após a análise das empresas-escola da área de saúde porque é na educação médica e em outras áreas profissionais de saúde que ela encontrou ambiente mais propício para sua (re)valorização como preceito educacional meritório.

As metodologias denominadas "problematizadoras" começaram a despontar em meados do século passado como opções aos modelos tradicionais, especialmente em decorrência do aumento quase exponencial do volume de informações científicas em cada disciplina, que não encontraria solução pelo aumento da duração dos cursos e da carga horária das disciplinas. Para Lucia Christina Iochida,

> a metodologia da problematização designa um tipo de estratégia de ensino que se baseia em observação da realidade, reflexão e ação, tendo destaque a relação ensino-serviço (de saúde). Enfatiza-se o "aprender fazendo", e a aprendizagem decorre do trabalho em grupos e com a equipe multiprofissional. (IOCHIDA, 2004, p. 155)

O início histórico do uso da *problem-based learning* como metodologia de ensino-aprendizagem reconhecidamente eficaz para a área de educação médica ocorreu na década de 1960, com a reforma curricular da Escola de Medicina da Universidade McMaster, do Canadá. Como acontece com muitas propostas inovadoras, ou que assim se apresentam, a metodologia PBL da McMaster University se apresentava com todo um conjunto de normas e requisitos formais, com passo a passo para garantir o "purismo" do "verdadeiro PBL". Ainda hoje, em alguns departamentos da universidade há resquícios da valorização, um tanto mistificada, do roteiro para a aplicação correta da metodologia PBL, com algumas críticas ao que denominam "usos híbridos ou desvirtuamentos".[1] À parte o uso mercadológico, comum aos norte-americanos em geral, o pioneirismo da Universidade McMaster merece ser reconhecido.

Na Europa, a Escola de Medicina da Universidade de Limburg, posteriormente renomeada Universidade de Maastricht (que é a capital da província holandesa de Limburg), iniciou suas atividades em 1975, com uso pleno do modelo PBL na educação médica. As duas universidades (McMaster e Maastricht) "vêm funcionando como modelos e consultoras de uma série de outras instituições que, nos anos subsequentes, adotaram ou adaptaram a ABP em seus currículos, em cursos de medicina ou outros, dentro e fora da área de saúde" (IOCHIDA, 2004, p. 154).

No Brasil, as pioneiras no emprego da metodologia PBL foram a Faculdade de Medicina de Marília (Famema), em 1997, e a Universidade Estadual de Londrina (UEL), também com seu curso de medicina, em 1998.

---

[1] Ver McMaster University, Department of Chemical Engineering, *Problem-based learning, especially in the context of large classes*. Disponível em: http://chemeng.mcmaster.ca/pbl/pbl.htm. Acesso em: 9 abr. 2012.

Na Famema há estímulo para trabalho cooperativo dos estudantes em pequenos grupos, para reconhecimento das necessidades de aprendizagem e para utilização de recursos que garantam essa aprendizagem ao longo de sua formação e da vida. A metodologia requer, de todos os estudantes, uma postura ativa, responsável, ética e colaborativa.

As atividades de avaliação buscam incluir a capacidade de fazer e receber críticas, sempre orientadas para a melhoria contínua dos desempenhos, das relações, das unidades e do curso. Essa proposição começou a ser desenvolvida na Famema em 2003, em parceria com o curso de enfermagem. A partir de 2004 o currículo do curso de medicina passou a ser orientado por competência na primeira série e, nas demais séries, foram inseridas estratégias e recursos para maior aproximação a essa nova orientação. A Famema passou a ser referência sobre metodologia PBL no Brasil, junto com a UEL, que também explicita formalmente a opção pelas metodologias problematizadoras nos projetos pedagógicos do curso de medicina. A UEL também adota a metodologia PBL para o curso de enfermagem.

O Centro de Desenvolvimento do Ensino Superior em Saúde da Universidade Federal de São Paulo (Cedess-Unifesp) também apresenta material de referência para melhor compreensão da metodologia PBL (UNIFESP, 2022a).

A navegação nas páginas dos cursos da Escola Paulista de Medicina da Unifesp indica que os cursos mais antigos e tradicionais ainda não incorporaram a PBL no discurso oficial, embora provavelmente seja utilizada em alguns núcleos ou setores, especialmente nos cursos do Cedess. Percebe-se, entretanto, a opção fundamentada em metodologias problematizadoras na descrição do curso de graduação em fisioterapia, um dos cursos implantados na Unifesp da Baixada Santista, num formato curricular que integra diferentes cursos de graduação, sob a coordenação do professor doutor Nildo Alves Batista.

O curso de fisioterapia integra conteúdos ou disciplinas em eixos e módulos interdisciplinares. Prioriza "a adoção de metodologias problematizadoras para o ensino, a inserção de novas tecnologias de informação e comunicação, o estímulo a uma postura ativa do aluno na construção do conhecimento e a iniciação científica" (UNIFESP, 2022b).

Há quatro eixos estruturantes: "O ser humano em sua dimensão biológica", "O ser humano e sua inserção social", "Aproximação ao trabalho em saúde" e "Aproximação a uma prática específica em saúde". O primeiro eixo tem dois núcleos: um comum, de conhecimentos biológicos necessários a um profissional para atuação na área da saúde, e um específico, de aprofundamento a partir das necessidades do curso de fisioterapia. O segundo eixo trata de conhecimentos de antropologia, sociologia, psicologia, educação, filosofia, ética/bioética, economia, administração, entre outras disciplinas, necessárias para a formação do fisioterapeuta. O terceiro eixo trata de temáticas comuns aos diferentes profissionais de saúde e busca integração com os demais cursos de graduação do *campus* Baixada Santista. Os temas desse eixo são: saúde como campo de saber, políticas de saúde, profissões de saúde, trabalho em equipe multiprofissional e interdisciplinar em saúde, serviços de saúde, integralidade no cuidado, produção do conhecimento em saúde (metodologia científica e bioestatística). O quarto eixo aborda as questões específicas da fisioterapia: história e fundamentos da fisioterapia, semiologia fisioterapêutica, recursos biotecnológicos, cinesioterapia, fisioterapia preventiva, fisioterapia pneumofuncional, neurofuncional, ortotraumatofuncional, reumatofuncional, cardiofuncional e dermatofuncional, além da fisioterapia na saúde da criança, da mulher e do idoso (UNIFESP, 2022b).

Em síntese, a metodologia PBL é uma forma peculiar de organizar o currículo com base em eixos temáticos fundados em problemas reais da profissão, cuja solução demanda esforços individuais dos alunos, por um lado, e arranjos grupais voltados para a pesquisa de caminhos a esse equacionamento e para a busca de soluções em diferentes fontes, por outro. É uma promessa metodológica relevante. As estimativas sugerem que cerca de 20% das escolas de medicina a adotam, e tudo indica que a tendência a novas adesões é crescente.

As ideias fundamentais da metodologia PBL remetem a diversos conceitos que vários autores hoje chamam de "precursores", com destaque para os conceitos desenvolvidos por John Dewey no início do século XX. Como já foi evidenciado no capítulo 1 deste livro, não parece ser meramente casual recuperarmos o que poderia ser chamado de nostalgia do modelo pedagógico do mestre-artesão, apresentado por Rugiu. Obviamente, a modernidade incorpora aspectos relevantes da autonomia enunciada no discurso contemporâneo, mas a essência das relações entre o mestre e o aprendiz, em especial as que ocorriam nas ocupações similares às da Idade Média, são ainda perceptíveis no modelo atual da PBL, como de resto é a essência do processo de aprendizagem que ocorre nas clínicas e ambulatórios, tanto pelos profissionais mais qualificados como por todos os que atendem a emergências de saúde no complexo e sofrido cotidiano desses locais de trabalho – sofrimento e muita aprendizagem efetiva. Nesses ambientes, mesmo sem planejamento, os problemas fundamentam a aprendizagem. Quando não há aprendizagem baseada nesses problemas, que se impõem sem que tenham sido chamados ou formulados por doutos professores, pacientes morrem ou ficam com sequelas graves, em decorrência de doenças supostamente já bem equacionadas na literatura médica há mais de um século…

4
Outras configurações de empresas-escola

São também minoritárias, no Brasil, as ocorrências de empresas-escola fora da área de saúde. Há, entretanto, casos de fazendas-escola, hotéis-escola e restaurantes-escola, assim como de fábricas-escola, cooperativas-escola e navios-escola, que merecem destaque neste capítulo.

Fazendas-escola

No caso das fazendas-escola, há uma distinção conceitual com relação às fazendas experimentais, mantidas em geral por faculdades e escolas de agronomia e medicina veterinária. Neste livro, são consideradas fazendas-escola apenas aquelas cuja produção é formalmente comercializada ou contabilizada como resultado negocial planejado e mensurado. As fazendas experimentais, de ensino ou de pesquisa, não têm essa preocupação empresarial direta. A produção eventualmente resultante é consumida na própria escola ou doada, como subproduto da pesquisa ou das atividades de ensino, pesquisa ou extensão, não havendo contabilização como resultado planejado e esperado da operação. O foco das atividades, no caso das fazendas experimentais, é o ensino ou a pesquisa, eventualmente associados a atividades de extensão que não se caracterizam como típicas de uma empresa-escola.

Um dos fatores que desmotivam as instituições educacionais a caracterizar suas fazendas experimentais como fazendas-escola decorre das dificuldades para identificar adequadamente os recursos destinados ao ensino, à pesquisa e à produção. Outro fator é que não há regulamentação oficial sobre a matéria, o que tende a ampliar o risco de multas por parte da fiscalização tributária, caso o agente fiscal discorde da classificação de alguns custos ou despesas na atividade educacional como deduções do lucro operacional.

Provavelmente esses fatores são determinantes para o fato de a maioria absoluta das fazendas-escola brasileiras estar vinculada a instituições públicas, cuja isenção fiscal é mais facilmente configurada, já que eventuais resultados financeiros positivos são, também, incorporados ao patrimônio público.

Entretanto, mesmo com essas facilidades, as escolas de agronomia de muitas das universidades mais prestigiadas do Brasil não caracterizam suas propriedades agrícolas e suas atividades pecuárias como fazendas-escola, optando por defini-las como laboratórios ou fazendas experimentais.

No caso da Escola Superior de Agricultura Luiz de Queiroz, da Universidade de São Paulo (Esalq-USP), por exemplo, a Fazenda Areão, localizada em Piracicaba (SP), até poderia ser parcialmente enquadrada no conceito de empresa-escola, uma vez que a produção agrícola que excede as necessidades dos projetos de pesquisa é comercializada (USP, 2022).

A Fazenda Areão é uma área de 130 hectares anexa ao *campus* Luiz de Queiroz. É administrada pela diretoria da Esalq, que a disponibiliza para projetos de pesquisa em todos os departamentos. A área tem condições para constituir-se em importante núcleo de apoio às atividades de ensino, pesquisa e extensão da USP-Esalq, devido às suas excelentes condições de solo, topografia, clima e hidrografia.

Outro exemplo que indica ser pouco relevante o uso das áreas rurais como fazenda-escola é a Universidade Federal de São Carlos (UFSCar). Embora tenha um *campus* com 230 hectares em Araras (SP), no qual são oferecidos os cursos da área agropecuária, em seu *site* a UFSCar apenas enfatiza a área construída de 25 mil m².

Há poucas fazendas-escola formalmente assumidas como tal e com alguma descrição de suas atividades disponível na internet. A seguir destacamos alguns dos principais exemplos encontrados.

Fazenda-escola da Universidade Estadual de Londrina

A Universidade Estadual de Londrina (UEL) mantém uma fazenda-escola de 102 hectares, cuja missão e objetivos são descritos em *hotsite* vinculado ao *site* institucional. Os objetivos básicos da fazenda-escola da UEL são congruentes com as finalidades dos cursos aos quais está vinculada. A ênfase principal é no apoio às atividades de ensino, de pesquisa e de extensão, como é esperado de uma universidade (UEL, 2022).

Fazenda-escola da Universidade Estadual de Ponta Grossa

A Universidade Estadual de Ponta Grossa (UEPG) mantém a Fazenda-escola Capão da Onça (Fescon) para práticas de seu curso de graduação em agronomia. Os objetivos são similares aos da fazenda-escola da UEL. A Fescon tem 312,11 hectares, mas apenas 75,884 podem ser utilizados para produção, pois 62,42 são de reserva legal e outros 75,89 são de preservação permanente (UEPG, 2022).

Fazendas-escola da Universidade de Marília

As fazendas-escola da Universidade de Marília (Unimar), instituição privada paulista, são exceções ao padrão de fazendas experimentais ou fazendas-escola mantidas por universidades públicas, para as quais a questão fiscal e tributária não tem muita relevância como fator impeditivo, embora as regras para compras e licitações sejam fator que desestimula e onera as atividades produtivas.

A Unimar tem duas fazendas-escola, embora essa expressão não seja formalmente utilizada em sua denominação. O *campus* central da universidade fica em área da Fazenda Experimental Marcello Mesquita Serva, com 556,6 hectares, parte dos quais situada na zona urbana de Marília (SP). A Fazenda Experimental Santa Filomena também integra o patrimônio da Unimar e é utilizada como campo de práticas dos cursos de graduação e de pós-graduação das áreas de agronomia, zootecnia e medicina veterinária. As fazendas são lucrativas e operam comercialmente como propriedades rurais que utilizam tecnologias modernas de produção. Os cursos de graduação reforçam a operação agropecuária e vice-versa (UNIMAR, 2022).

Fazenda-escola da Universidade de Uberaba

A Universidade de Uberaba (Uniube) é outra instituição privada que mantém uma fazenda-escola, com área total de 540 hectares, às margens da rodovia BR-050. A fazenda-escola tem o foco principal na bovinocultura. É campo de práticas produtivas e de pesquisas associadas ao curso de medicina veterinária (UNIUBE, 2022).

Casos não enquadrados no conceito de fazenda-escola

Nas fazendas onde se localizam as escolas da Fundação Bradesco que oferecem cursos técnicos na área agropecuária, toda a produção é destinada ao consumo interno ou doada a instituições da região. Quando é preciso designar as propriedades rurais onde são realizadas as práticas dos cursos técnicos de agropecuária, ou o local onde se situam as escolas, a Fundação Bradesco as denomina "escolas-fazenda".

A expressão "fazenda-escola" às vezes tem sido usada com o sentido apresentado pela Fundação Bradesco para escola-fazenda. Um exemplo é a Fundação 18 de março (Fundamar), organização não governamental voltada para jovens carentes, que tem atendimento educacional na zona rural. Esse atendimento é denominado "Projeto Fazenda Escola Fundamar". A Fundação Abrinq publicou um documento que detalha as atividades dessa louvável iniciativa (FUNDAÇÃO ABRINQ, 2004). Entretanto, embora o trabalho realizado pela Fundamar seja altamente meritório, sua fazenda-escola não cabe no conceito de empresa-escola conforme o construto abordado neste livro.

É também usual chamar de "projeto fazenda-escola" atividades com o sentido mais amplo de organizar visitas monitoradas de estudantes do ensino fundamental ou médio a propriedades agropecuárias preparadas para recebê-los, e proporcionar informações e vivências sobre o meio rural.

O Centro Paula Souza (CPS) mantém cursos do segmento agropecuário em diversas escolas técnicas (Etecs) e opera algumas propriedades agrícolas produtivas, mas não as designa formalmente como fazendas-escola. Sua opção foi organizar juridicamente algumas atividades produtivas em cooperativas, a fim de viabilizar projetos educacionais em concomitância com a comercialização dos produtos obtidos.

Hotéis-escola e restaurantes-escola

A maior parte dos hotéis-escola e restaurantes-escola brasileiros é mantida pelo Serviço Nacional de Aprendizagem Comercial (Senac). Como há neste livro um capítulo especialmente destinado a tratar das empresas-escola mantidas pelo Senac como "empresas pedagógicas" (nomenclatura interna que a instituição definiu para a metodologia de ensino adotada), o caso dos empreendimentos do Senac na área de turismo e hospitalidade será ali tratado com mais profundidade, até mesmo para esclarecer nuanças que diferenciam os conceitos de empresa-escola e empresa pedagógica. Além do Senac, são raras as instituições que oferecem cursos estruturados em ambientes formalmente caracterizados como empresas-escola na área de turismo e hospitalidade. Entretanto, foi possível levantar alguns exemplos, os quais são relatados a seguir.

Leques Brasil Hotel-escola

O hotel-escola Leques Brasil foi construído em 2011 e é mantido pelo Sindicato dos Trabalhadores em Hotéis, Apart-hotéis, Motéis, Flats, Restaurantes, Bares, Lanchonetes e Similares de São Paulo e Região (Sinthoresp), para suporte a uma escola de hotelaria destinada a oferecer cursos para os associados. Está localizado no bairro da Liberdade, na cidade de São Paulo (LEQUES BRASIL HOTEL-ESCOLA, 2022).

Restaurante-escola São Paulo

O Restaurante-escola São Paulo é mantido pela Câmara Municipal de São Paulo e funciona no prédio da instituição. Os cursos oferecidos são destinados à formação inicial e continuada de trabalhadores, portanto são mais caracterizados como educação não formal. Esse restaurante-escola é similar a alguns dos ambientes de aprendizagem que o Senac denomina "empresas pedagógicas", destinados a estudantes de cursos que não são formalmente estruturados, como ocorre com os cursos de educação profissional técnica de nível médio e com os cursos superiores de graduação e pós-graduação (CÂMARA MUNICIPAL DE SÃO PAULO, 2022).

Restaurante-escola Estação Bistrô

O Restaurante-escola Estação Bistrô funciona no centro histórico de Santos (SP). É resultado de parceria entre a Universidade Católica de

Santos (Unisantos) e a Prefeitura Municipal de Santos. Oferece cursos para jovens de 18 a 29 anos em situação de vulnerabilidade pessoal e social. O restaurante-escola funciona como espaço de extensão comunitária e de estágio para estudantes dos cursos de nutrição e de gastronomia da Unisantos (ESTAÇÃO BISTRÔ, 2022).

Outros restaurantes-escola

Restaurantes-escola, assim como os restaurantes comuns, são empreendimentos mais sujeitos a ter baixa duração. Diversos restaurantes-escola foram abertos e fechados nos últimos anos. Normalmente são abertos por motivação política e fechados porque não conseguem equilibrar custos, aspectos mercadológicos e resultados educacionais.

Fábricas-escola

As fábricas-escola são ainda mais raras e efêmeras. Há apenas menções superficiais a uns poucos empreendimentos que são denominados "fábricas-escola".

Cooperativas-escola

As cooperativas-escola se caracterizam mais como opção jurídica de configuração para empresas-escola de diferentes áreas profissionais. Os principais exemplos de cooperativas-escola, já apresentados neste capítulo, estão voltados para atividades agropecuárias e industriais, mas é possível utilizar essa forma de organização para qualquer segmento econômico.

Navios-escola

Os navios-escola são unidades educacionais associadas à Marinha. Eles são mais conhecidos da população em geral apenas como exemplo de substantivo composto nas aulas do ensino fundamental.

A Marinha do Brasil mantém o navio-escola Brasil, construído entre 1981 e 1983, e incorporado à frota em agosto de 1986. Esse navio realiza anualmente a viagem de instrução de guardas-marinha.

Dada a sua mobilidade internacional característica, há na internet registros de passagem pela orla brasileira de navios-escola de Portugal, Venezuela, Espanha, Estados Unidos e Noruega.

Outras configurações de empresas-escola

Outras configurações formais de empresas-escola podem até existir no Brasil, mas sua ocorrência deve ser ainda mais rara do que a dos casos aqui relatados. No capítulo que trata das empresas pedagógicas do Senac, serão analisadas algumas iniciativas e experiências de empreendimentos do setor terciário. Além disso, alguns capítulos serão dedicados à análise das situações em que qualquer empreendimento, privado ou público, se organiza para atender, em suas atividades cotidianas, ao duplo objetivo de proporcionar educação profissional regulamentada e de produzir bens ou prestar serviços com foco na excelência dos resultados e dos processos.

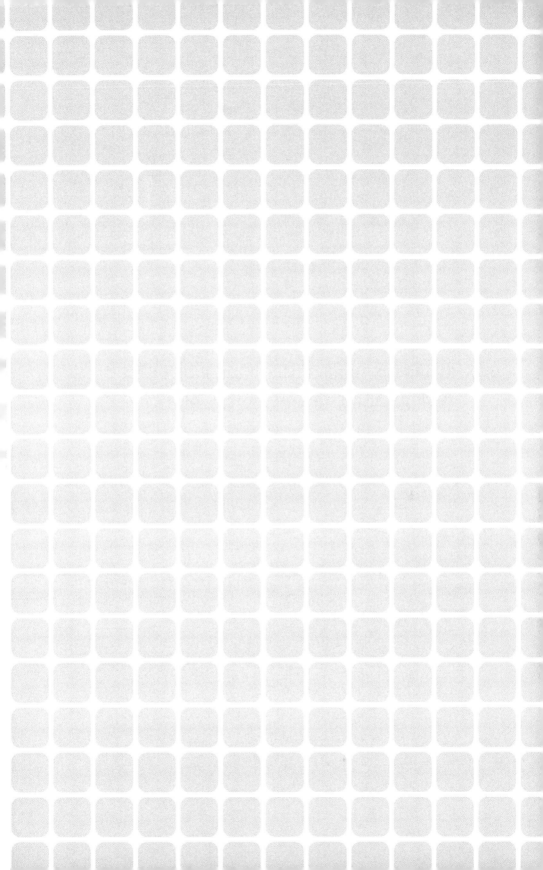

5

Aspectos financeiros, mercadológicos e educacionais das empresas-escola

Numa empresa, assim como numa escola – um subtipo de empresa com algumas características especiais –, há fatores determinantes do sucesso de sua atuação. Aspectos financeiros e mercadológicos são essenciais em qualquer análise de desempenho. Numa escola, os aspectos educacionais são também fundamentais na avaliação de seu desempenho, mas não se podem menosprezar os fatores financeiros e mercadológicos, muito embora às vezes fiquem camuflados nas estruturas organizacionais em que o financiamento e a gestão estão na esfera pública.

Nas empresas de longa vida, que se sustentam há mais tempo e que têm perspectivas de sobrevida e crescimento, são muito relevantes os aspectos modernamente relacionados à gestão ou criação de conhecimento. Nesses casos, os aspectos educacionais também se mostram muito significantes, às vezes até mais do que o lado financeiro ou mercadológico percebido pela visão de curto ou curtíssimo prazo.

Se o planejamento estratégico é adequado e a gestão operacional eficaz, uma empresa-escola pode ser uma boa empresa e uma boa escola, além de referência para outras empresas: uma empresa que faz escola, em linguagem de propaganda. Mal orientada, porém, a empresa-escola não será nem boa empresa nem boa escola. E com uma desvantagem:

a empresa tenta justificar a escola ou culpá-la pelos problemas, e vice-versa.

A integração de objetivos

A principal referência para o planejamento e para a gestão de uma empresa-escola é o ambiente competitivo em que ela se insere: seu "mercado", numa palavra. Numa empresa-escola, os resultados educacionais e empresariais constituem a essência de sua configuração. Portanto, a integração das metas, compondo um conjunto harmônico de prioridades, é condição necessária para a sua sobrevivência e indispensável para o seu crescimento e sustentabilidade.

Para uma empresa-escola, é fundamental saber quem são seus clientes potenciais e efetivos, quem são os fornecedores, quais suas necessidades e seus interesses. É, também, essencial ter clareza sobre as formas de financiamento, a capacidade de pagamento dos clientes, a competição atual e projetada entre os fornecedores de bens e serviços, com o consequente impacto nas tendências de custos futuros.

Em análise simplificada, os objetivos gerais de uma empresa-escola são:

- qualificar (habilitar, aperfeiçoar, especializar, atualizar) profissionais eficientes e adequados à demanda específica em sua área de atuação;
- ser autofinanciada, mantendo em sua operação mercantil índices de resultados financeiros na faixa normal de distribuição que caracteriza as empresas economicamente viáveis e sustentáveis;
- ser aceita e crescentemente valorizada na região e no segmento socioeconômico em que se insere.

Esses três objetivos tratam das três prioridades de qualquer empresa-escola: educação profissional superior ou técnica, sustentação econômico-financeira e valor para os clientes, com aceitação no mercado.

Tais objetivos são extremamente interdependentes. É fundamental que a ação dirigida à consecução de um deles consiga manter sob rígido controle as consequências prováveis para os demais. A inobservância dessa diretriz traz como risco a falência da empresa-escola que aqui idealizamos.

O contexto social que nos sugere flutuações de orientação e o tipo de qualificação profissional dos administradores, ora educacional, ora gerencial, têm levado a algumas falhas nas empresas-escola existentes, quanto à busca integrada da consecução dos objetivos. O movimento cíclico mais comum ocorre entre a ênfase nos indicadores financeiros e a ênfase nos indicadores da aprendizagem. Ou seja, ora o pêndulo oscila para a empresa, ora oscila para a escola.

Se um dos apoios desse tripé estiver muito curto ou muito longo, a empresa-escola estará desequilibrada e terá dificuldades de sustentação.

O problema maior para a garantia do equilíbrio é que há diferenças críticas entre os "tempos" de demanda e de resposta às inconsistências do atendimento a cada uma das três prioridades. Normalmente, as demandas e as respostas da prioridade financeira são mais prementes e sufocantes, seguidas pelas demandas da prioridade mercadológica, cujas respostas e demandas são intermediárias. A prioridade educacional apresenta demandas mais focadas em prazos longos e suas consequências também são projetadas no futuro.

O olhar para o parágrafo anterior já sugere um risco quase óbvio: se o planejamento estratégico de uma empresa-escola não atentar para essa assimetria temporal entre suas prioridades, a consequência natural será que a prioridade educacional ficará em terceiro plano e será o apoio frágil do tripé. É quase óbvio também que numa empresa-escola é o atendimento à prioridade educacional que dá o tom de sua avaliação e de sua sustentação no longo prazo. Só sobrevivem como empresas-escola aquelas que são excelentes como agentes educacionais. Ou seja, o que define a essência da vida organizacional de uma empresa-escola é sua condição de escola. O complemento "escola" é que faz a diferença, para o bem ou para o mal.

Resumindo, para que seja eficiente e eficaz, uma empresa-escola deve ter como principal objetivo geral obter aceitação e valorização crescentes na região em que se insere, demonstrando eficácia na aprendizagem e viabilidade econômica.

Embora raramente essa integração de objetivos tenha sido completa até agora, vários aspectos das experiências realizadas têm trazido resultados bastante satisfatórios.

A QUESTÃO DO LUCRO E A IMPORTÂNCIA DA GESTÃO ECONÔMICO-FINANCEIRA NAS EMPRESAS-ESCOLA

As empresas-escola inserem-se num sistema econômico orientado para o lucro. Portanto, para que traduzam a realidade contextual, devem também buscar o lucro, sem esquecer, porém, que o fim maior deve ser a educação profissional. Fica, então, o impasse para a definição do significado do lucro nesse contexto. Alguns sugerem que é suficiente a minimização dos custos, outros colocam o autofinanciamento como meta, e há, ainda, quem advogue o lucro real, em alguns casos, como fonte de recursos para outras atividades educacionais e como exemplo de eficácia empresarial, a fim de que os alunos aprendam num ambiente empresarial de resultados econômicos superavitários.

A gestão financeira de uma empresa-escola em pouco difere de qualquer congênere do mesmo porte. Apenas devem ser considerados os componentes referentes às necessidades educacionais e às características da entidade mantenedora.

É preciso realizar diversos controles periódicos para verificação de consumo, custos, vendas, valendo-se de diferentes instrumentos, como se faz em outras empresas. Além dos cuidados necessários para a manutenção dos controles econômico-financeiros e da tomada de decisões em função das informações obtidas, a gestão econômico-financeira de uma empresa pedagógica implica o planejamento a curto, médio e longo prazo. Isso envolve decisões também em relação a recursos humanos e materiais, além dos recursos financeiros.

Todos esses procedimentos têm de levar em conta o caráter educacional do empreendimento, para evitar subordinação exclusiva à ideia de lucratividade.

Mesmo que não se defina uma opção prévia quanto à melhor caracterização da necessidade ou não de uma empresa-escola ter lucro líquido como meta, a gestão econômico-financeira e os respectivos controles devem sempre considerar a unidade organizacional como um todo, efetuando os rateios contábeis apenas para possibilitar comparações com resultados de empresas congêneres e de outras modalidades de ação voltadas para a educação profissional.

No caso dos hospitais-escola, a Associação Brasileira de Hospitais Universitários e de Ensino (Abrahue) considera que normalmente há ampliação aproximada de 30% do total orçamentário quando os custos de um hospital de ensino são comparados aos de um hospital convencional do mesmo porte e mesmo nível de complexidade. Esse acréscimo leva em conta fatores como a regulação especial dos hospitais de ensino, com exigências formais que incorporam custos e investimentos obrigatórios; as despesas com residentes e com atividades de ensino, e, principalmente, a tendência a receber mais demandas para atendimentos de alta complexidade e alto custo sem a devida contrapartida em termos de remuneração direta pelos serviços.

Configuração das empresas-escola sem fins lucrativos

Além da análise baseada nas prioridades, outro fato merece destaque: no Brasil, em sua maioria absoluta, as empresas-escola são vinculadas ao terceiro setor ou ao setor público (primeiro setor). Ou seja, o que define o seu negócio normalmente se apresenta a reboque de uma "causa". Os hospitais-escola combinam duas causas bastante relevantes para a humanidade em geral: saúde e educação.

São muito raras, entre as empresas-escola formalmente caracterizáveis, aquelas que pertencem ao setor empresarial puro, das empresas com fins lucrativos – o chamado segundo setor.

A característica de ausência de fins lucrativos dá às empresas-escola vinculadas ao primeiro e terceiro setores outra ambivalência, além da que as define simultaneamente como empresas e como escolas: seus orçamentos tendem a ser mais focados nas despesas do que nas receitas.

A contabilidade típica das empresas-escola sem fins lucrativos é similar à de órgãos públicos. Os demonstrativos financeiros partem de uma dada dotação orçamentária aprovada e os lançamentos apresentam as despesas e os investimentos como alocações relativas à dotação original. As receitas provenientes de serviços e da venda de produtos entram no balanço contábil como fatores que reduzem as despesas ou os gastos com os investimentos, com sinal negativo ou em vermelho, pois são abatidas das despesas. Ou seja, há, nesse caso, uma inversão com relação à lógica contábil das empresas privadas típicas, para a qual o orçamento é baseado na previsão de receitas e as despesas precisam ajustar-se, necessariamente, à efetivação das receitas previstas.

Numa empresa com fins lucrativos, se as despesas mais a amortização de investimentos superarem as receitas, houve prejuízo, destacando-se como alerta, nos balanços, o sinal negativo ou a cor vermelha. Num órgão público, os investimentos têm contabilidade própria e o foco contábil se concentra na comparação entre as despesas e a dotação orçamentária original, normalmente dada como ponto de partida. Numa organização do terceiro setor (fundação pública ou privada; organização da sociedade civil de interesse público; associação sem fins lucrativos, ou organização não governamental de qualquer outra natureza), normalmente há uma combinação de valores contábeis: dotações públicas, receitas de doações ou contribuições associativas e receitas decorrentes de prestação de serviços e venda de produtos. Assim, também nesses casos, a contabilidade muitas vezes tem sinais invertidos: as despesas aparecem em preto ou com sinal positivo e as receitas aparecem em vermelho ou com sinal negativo. Essa característica da contabilidade das empresas-escola sem fins lucrativos pode impactar, de alguma forma, a mentalidade organizacional com relação aos aspectos financeiros. Pode levar, por exemplo, a uma despreocupação com o equilíbrio financeiro ou a uma disputa entre subculturas da organização, sobre tomadas de decisão em meio a diferentes opções de prioridades.

Tanto para as organizações do terceiro setor quanto para os órgãos públicos, é a avaliação de sua efetividade social que fornece a argumentação capaz de favorecer politicamente a ampliação das dotações orçamentárias e de viabilizar a captação de recursos por meio de doações, contribuições associativas e patrocínios por parte de empresas lucrativas.

Embora não seja tão óbvio à primeira vista, para uma empresa-escola, os resultados educacionais e a percepção de seu valor pelos principais *stakeholders* são essenciais não apenas para garantir a manutenção dos recursos financeiros ao empreendimento, mas principalmente para viabilizar a ampliação desses recursos. Além disso, a imagem decorrente da percepção de qualidade da ação educacional influencia, de maneira extremamente impactante, a avaliação do potencial de qualidade dos serviços e produtos da empresa-escola, o que implica maior potencial de cobrança por esses serviços e produtos.

Certamente um hospital-escola, cujos médicos graduados ou residentes dele egressos sejam avaliados como os melhores profissionais do mercado, tem maior probabilidade de obter ampliação de verbas públicas para financiar seus investimentos em tecnologia e para remunerar seus serviços públicos diferenciados. São, também, muito maiores suas chances de atrair os clientes particulares com maior poder aquisitivo e de ser disputado pelos gestores dos convênios que melhor remuneram.

Poderá selecionar os clientes, e não disputá-los com base em menores preços. Terá, adicionalmente, mais argumentos para captar recursos de doadores ou contribuintes individuais e de empresas, as quais verão vantagens mercadológicas em associar sua marca a uma organização de excelência, comprometida com uma causa meritória.

A empresa-escola como ambiente de aprendizagem

No aspecto educacional, uma empresa-escola é uma das possíveis opções de ambiente de aprendizagem. Os ambientes de aprendizagem mais comuns numa instituição educacional típica são as salas de aula, os auditórios e os laboratórios. A arquitetura das salas de aula e dos auditórios, na maioria absoluta das situações, é concebida para a proposta educacional baseada em aulas expositivas, nas quais o professor fala e os alunos ouvem (ou dormem, ou ficam fazendo bagunça). Os laboratórios têm ampla variedade de formatos, mas já são ambientes quase sempre orientados para a aprendizagem pela observação e pela prática. Custam caro, tanto no investimento inicial quanto na manutenção e atualização.

As novas tecnologias digitais permitem a criação de ambientes de aprendizagem simulados com base em *softwares* de realidade virtual, cuja produção também é cara, mas cuja replicação pode ser mais rápida e tem baixo custo unitário. Assim, para as situações em que há necessidade de muitas reproduções similares de um mesmo ambiente, a solução baseada em realidade virtual pode ser econômica e eficaz.

Os ambientes educacionais mais próximos à realidade profissional são os que possibilitam produção efetiva ou atendimento direto aos clientes. Ambientes simulados tendem a falsear a realidade, ao menos parcialmente. Ambientes reais, como as empresas-escola, trazem mais envolvimento e responsabilidade, permitindo que a educação seja efetuada pelo trabalho, com integração entre presente e futuro na ação educacional (ALBERTINO, 2005).

Aprendizagem operacional

A aprendizagem operacional é a principal fase integradora do processo de educação profissional. Numa empresa-escola, essa fase deve ser planejada com base em análises ocupacionais ou outros estudos e pesquisas sobre a profissão para a qual o curso está voltado. A partir dessa referência básica, a equipe docente deve prever a sequência do envolvimento do aluno-funcionário com as atividades. Essa sequência pode obedecer à ordem lógica de execução das tarefas ou à ordem crescente de dificuldades ou responsabilidades. A eficiência do processo educacional depende significativamente da adequada organização da sequência da aprendizagem de habilidades e atitudes, pois frustrações graves, decorrentes de atribuições mal assimiladas, além das más condições de desempenho, podem comprometer a otimização da aprendizagem. Além disso, o mau desempenho do aluno-funcionário compromete a imagem da empresa-escola perante a clientela e afeta a avaliação de seus bens e serviços, prejudicando, consequentemente, as perspectivas de rentabilidade, a imagem da empresa no mercado, ou ambas.

O planejamento em pauta deve ser entendido como um conjunto de diretrizes e previsões, suficientemente flexível para permitir a adequação das situações aleatórias resultantes não apenas da própria interação entre docentes, alunos e ambiente, mas também da ação dos clientes da empresa.

Embora a experiência acumulada possa facilitar a previsão das variáveis decorrentes dos interesses e comportamentos mais comuns dos clientes das empresas-escola, a clientela sempre deverá ser a principal fonte de situações imprevistas. Por isso, se pretendem competir em boas condições no mercado, as empresas-escola devem sempre considerar seus clientes como merecedores da maior atenção possível.

O maior indício do sucesso de uma empresa-escola é a substituição da tradicional justificativa de falhas dos alunos, de "porque estão aprendendo", pela resposta orgulhosa, que é contraponto da desculpa de empresários da mesma área que não conseguem obter o mesmo padrão de serviços: "lá, o serviço é perfeito porque se trata de uma empresa-escola, empresa-modelo...". Obviamente, é muito difícil chegar a uma *performance* ótima, pois as empresas-escola sofrem de *turnover* crônico, resultante do próprio processo cíclico de entrada de novos alunos e saída daqueles que concluem os cursos.

Para solucionar, ao menos parcialmente, esse problema de rotatividade de alunos em atividade prática (estagiários, residentes ou nomenclatura interna diferente que possa ser utilizada), podem ser elaborados cronogramas modulados, a fim de assegurar sempre a permanência de uma parte dos alunos com experiência mínima equivalente à metade do tempo de duração dos cursos. É possível que em alguns casos a divisão do cronograma em vários módulos sequenciados venha a possibilitar uma uniformidade da ação, porém é necessário analisar o impacto em outras variáveis do planejamento.

Os gestores ou docentes encarregados de planejar, executar ou acompanhar o processo de educação profissional nas empresas-escola precisam manter constantemente um enfoque global da situação, para garantir a oportuna adequação de novas variáveis. É necessário que saibam quando o desempenho numa atividade pode revestir-se de importância maior ou maior risco de falhas em função dos componentes psicológicos complementares capazes de afetar o desempenho das habilidades dos alunos-funcionários e, consequentemente, comprometer a imagem da empresa e outros resultados.

A aprendizagem operacional implica, muitas vezes, formação ou mudança de atitudes que orientem o comportamento esperado dos profissionais envolvidos. Nas profissões do setor econômico terciário são mais frequentes e relevantes as expectativas com relação a determinadas atitudes, em muitos casos indispensáveis para o ingresso ou a permanência no emprego.

Os processos voltados para formação e mudança de atitudes são complexos. Quando tais processos são essenciais na aprendizagem, é necessário muito cuidado, bem como o conhecimento de cada situação, para alcançar resultados positivos.

6

Integração de objetivos e planejamento estratégico: caminho para o sucesso de uma empresa-escola

A dupla finalidade de uma empresa-escola pode representar tanto um problema quanto uma vantagem competitiva. O que mais influencia o fiel da balança, nesse caso, é a visão organizacional e a efetiva configuração dos valores corporativos da empresa-escola. Quanto mais orientada para uma visão de longo prazo e para o crescimento sustentável, tanto mais uma empresa-escola pode beneficiar-se da sua dupla condição formal e real de empresa e de escola. Quanto mais a organização se deixar levar pela azáfama cotidiana, com seus gestores a reboque de prioridades emergenciais que se alternam, "apagando incêndios" constantes e resolvendo pequenas desavenças, tanto maior será a preponderância do gerenciamento de conflitos sobre as estratégias de longo prazo da empresa e da escola.

Numa empresa-escola preocupada com o planejamento estratégico e consciente de que sua dupla finalidade é um elemento essencial de seus valores, de sua missão e visão, a análise de seus pontos fortes e fracos indicará os melhores caminhos para equacionar conflitos e torná-los parte de sua estratégia, tendo em vista a superação de dificuldades e a adoção de inovações que garantam crescimento sustentável.

Por outro lado, no caso das empresas-escola, a improvisação inconsequente e o foco exclusivo em resultados financeiros e prioridades de curto prazo geram mais problemas. Por sua natureza anfíbia, as empresas-escola demandam mais atenção da governança, que deve orientar-se para múltiplos *stakeholders*.

Os hospitais-escola representam mais de 90% das empresas-escola formalmente caracterizadas no Brasil. Alguns são muito grandes, com números muito relevantes em todos os seus indicadores: finanças, consumo de energia e de material hospitalar, procedimentos hospitalares, quadro de profissionais envolvidos diretamente ou terceirizados, número de pacientes, alunos, estagiários e residentes, etc.

Em geral, os hospitais-escola destinam-se prioritariamente aos atendimentos mais complexos (tecnicamente chamados de terciário e quaternário), embora ainda seja um desafio para o nosso sistema público de saúde o direcionamento mais adequado dos fluxos de demandas. Quando alguém é ou se julga importante, ou é amigo ou conhecido de alguém que atua num hospital-escola de referência, costuma dirigir-se para lá e tentar ser atendido diretamente a qualquer esfoladela no joelho, tanto no seu próprio caso quanto no caso de seus familiares, amigos e conhecidos. É nesse ponto que começa a aparecer um dos problemas que atravancam os fluxos de demandas por serviços especializados: a dificuldade para realizar a triagem dos serviços que deveriam ser resolvidos em instâncias mais básicas. O Sistema Único de Saúde (SUS) ainda tenta equacionar esse e outros problemas, mas é um desafio constante e difícil de superar.

Definir as prioridades adequadas para as empresas-escola é o grande desafio que sempre preocupa seus gestores. Neste capítulo serão tratadas algumas indicações estratégicas para enfrentar esse desafio.

Objetivos comuns ou complementares e ações integradas

Uma empresa-escola de sucesso organiza seus objetivos de maneira que se complementem e que os recursos destinados à sua consecução sejam utilizados para tirar vantagem de sua configuração especial. As ações dos gestores e dos funcionários docentes integram-se às atividades curriculares de aprendizagem a fim de obter melhores resultados na produção ou na prestação dos serviços empresariais que caracterizam a organização.

Os alunos aprendem enquanto produzem e produzem enquanto aprendem. Professores e gestores também aprendem enquanto ensinam, pesquisam e desenvolvem inovações tecnológicas que aumentam o potencial de sobrevivência e de crescimento organizacional sustentável.

Esse é o sonho – viável, porém difícil – de qualquer empresa-escola devidamente constituída ou oficialmente prometida nos discursos de políticos ou de empresários de sucesso.

O sonho é viável porque a lógica da integração de objetivos e de ações é aparentemente óbvia e natural. Entretanto, é muito difícil de realizar-se, porque há aspectos sutis da cultura dominante nos meios da gestão empresarial e da gestão e da práxis educacional que se colocam sorrateiramente como pequenas pedrinhas no meio do caminho, tais quais as que se materializaram como armadilhas no famoso poema de Drummond...[1]

Planejamento estratégico e administração estratégica

O planejamento estratégico e a boa governança corporativa são fundamentais para viabilizar as condições de excelência nos processos de gestão, com o objetivo de garantir a eficácia e a sustentabilidade de uma empresa-escola. Aliás, essa afirmação também é válida para quaisquer

---

[1] "No meio do caminho tinha uma pedra/ tinha uma pedra no meio do caminho/ tinha uma pedra/ no meio do caminho tinha uma pedra./ Nunca me esquecerei desse acontecimento na vida de minhas retinas tão fatigadas./ Nunca me esquecerei que no meio do caminho tinha uma pedra./ Tinha uma pedra no meio do caminho/ no meio do caminho tinha uma pedra." Carlos Drummond de Andrade, "No meio do caminho", em *Jornal de Poesia*. Disponível em: http://www.jornaldepoesia.jor.br/drumm09.html. Acesso em: 16 maio 2022.

organizações complexas ou inseridas em ambientes competitivos. Empresas-escola normalmente são organizações complexas que se inserem em ambientes competitivos, nos quais a inovação é fundamental e a aprendizagem organizacional é condição necessária para manter as posições conquistadas ao longo da história dessas organizações, por maior que seja a dianteira já alcançada. As que ficam paradas já estão ultrapassadas.

O planejamento estratégico e a administração estratégica são essenciais para uma empresa-escola, assim como para todas as organizações que pretendem longevidade e crescimento.

Em termos gerais, o planejamento estratégico é a projeção dinâmica das intenções dos gestores organizacionais para um período relativamente longo – de cinco a vinte anos –, enquanto a administração estratégica é a própria gestão corporativa, que não descuida, em seu cotidiano, da constante reflexão sobre o impacto das decisões e das ações no médio e no longo prazos.

O planejamento estratégico deve começar pela análise do ambiente interno e externo da organização, com enfoque sistêmico que trate de seus pontos fortes e fracos, das limitações e das oportunidades. O debate interno, liderado pelos principais gestores, deve viabilizar um acordo sobre as principais diretrizes estratégicas, consolidadas na *missão* organizacional e na sua *visão* de futuro. A missão deve ser uma formulação simples de compreender, mas complexa e abrangente quanto ao seu escopo, de modo que reflita a razão de existir da organização. A missão não pode ser uma criação utópica: está mais próxima do conceito de descoberta, que leva em conta a realidade atual e a projeta no futuro com base nas ações planejadas. A visão deve ser uma projeção futura, ao mesmo tempo factível e desafiadora. Normalmente, a visão é apresentada como uma situação desejável a ser alcançada no final do período temporal escolhido para o planejamento estratégico, que deve ser entre cinco e vinte anos, com momentos de controle e revisão, tão mais necessários quanto maior for o período total. É importante também que a organização consiga sintetizar os principais *valores* que norteiam suas decisões e ações, pois eles serão os balizadores para os conflitos de interesse, sempre presentes em qualquer organização complexa.

Com base no acordo possível para a definição ou para os ajustes da missão, da visão e dos valores, é preciso explicitar metas e, ao mesmo tempo, apontar as ações necessárias para alcançá-las, e que são responsáveis pela sua gestão, além de propor indicadores e prazos para os resultados. Essa etapa já é a transição entre o planejamento estratégico e a administração estratégica. As estratégias, que resultam das opções para atingir os objetivos, precisam contar com diferentes possibilidades, tendo em vista eventuais ocorrências inesperadas, para que possam ser feitos ajustes de percurso, redefinições de metas, renegociação de prazos, etc.

A implementação da estratégia e o controle estratégico são fundamentais para assegurar a evolução organizacional com enfoque sistêmico e visão de longo prazo.

A busca da excelência nas empresas-escola deve partir de fundamentos de gestão como os descritos pela Fundação Nacional da Qualidade: pensamento sistêmico; aprendizado organizacional e inovação; liderança transformadora; compromisso com as partes interessadas; adaptabilidade; desenvolvimento sustentável; orientação por processos; geração de valor (FNQ, 2022).

No caso dos hospitais de ensino, como há muitos recursos públicos envolvidos, um mecanismo que busca garantir o controle estratégico da evolução dos indicadores de desempenho é a reestruturação nacional desses hospitais mediante a contratualização, condição necessária para sua certificação, credenciamento e recredenciamento.

Os princípios que regem a contratualização, nos termos das normas federais, são:
- ▶ universalidade – ampliação da oferta de serviços orientada pelas necessidades;

- equidade – correção das iniquidades regionais;
- integralidade – investir também na promoção e prevenção;
- controle social – transparência na aplicação de recursos;
- integração – pacto com gestores municipais e estaduais e rediscussão da participação dos estados e municípios no financiamento.

As condições para a certificação dos hospitais de ensino, com critérios e indicadores que permitem o controle estratégico da evolução de sua gestão são atualmente reguladas pela Portaria Interministerial nº 285, de 24 de março de 2015 (BRASIL, 2015).

A Associação Brasileira de Hospitais Universitários e de Ensino (Abrahue) e outros atores institucionais têm manifestado algumas restrições quanto aos critérios e procedimentos, e sugerem aperfeiçoamentos. Essa deve ser a dinâmica necessária para o constante aprimoramento dos processos de gestão e dos seus resultados.

A acreditação dos hospitais de ensino, que os qualifica em níveis de complexidade e de acordo com outros parâmetros que lhes permitem acesso a mais recursos, é um mecanismo de acompanhamento e controle da gestão estratégica. No Brasil, a Organização Nacional de Acreditação (ONA) é responsável por promover esse tipo de processo. A ONA é uma organização não governamental que mantém parcerias com a Agência Nacional de Vigilância Sanitária (Anvisa) e com o Ministério da Saúde.

Da mesma forma, a adesão a outros mecanismos de avaliação externa e de certificação, como as normas ISO,[2] e premiações, como o Prêmio Nacional da Qualidade (PNQ), podem ser úteis para estimular as empresas-escola em seu processo de melhoria contínua e busca de excelência. Esse é o melhor caminho para integrar os objetivos empresariais e educacionais, e para coordenar esforços em torno de outras demandas

---

[2] A International Organization for Standardization (ISO) produz normas padronizadas internacionais para gestão da qualidade e gestão ambiental. No Brasil, quem coordena as certificações ISO é a Associação Brasileira de Normas Técnicas (ABNT). Para mais informações, ver *site* da ABNT: http://www.abnt.org.br (acesso em: 1º ago. 2022).

que podem ser conflituosas, a fim de diminuir os riscos e ampliar o potencial de convergências e complementaridades positivas.

As organizações que ganham tais selos de qualidade, certificações e premiações, além de expressar a satisfação pelo reconhecimento de um trabalho bem-feito, valem-se deles para se promoverem em sua divulgação institucional.

Algumas instituições procuram certificadores internacionais, e também dão destaque aos resultados obtidos. A imprensa nacional normalmente prefere noticiar certificações internacionais, o que deve ser levado em conta pelos gestores quando escolhem os organismos de acreditação, caso seja possível e conveniente optar.

7

Conflitos de interesse e de modelos mentais e gerenciais numa empresa-escola

Pequenos dogmas, decorrentes da visão operacional de curto prazo dos gestores de serviços ou de processos produtivos, pequenos ritos e outros dogmas dos educadores de plantão, com vetos de natureza ideológica, mesquinharias formais e arroubos de estrelismo, atravancam processos de integração, inviabilizam a complementaridade de objetivos, definem pequenos feudos de poder e de favorecimentos.

Na verdade, isso pode ocorrer em qualquer empresa, escola ou família. Aliás, a família é, por vezes, uma síntese tragicômica de empresas, de escolas e, por corolário, de empresas-escola. Nas empresas "comuns" e nas escolas "comuns", esses pequenos entraves geram problemas e dificuldades que seguram o progresso organizacional, como freios sem ABS. Nas empresas-escola, o efeito negativo desse arraste é potencializado.

Não há empresa perfeita, nem escola perfeita, exceto em algumas peças promocionais e em discursos eleitoreiros. A combinação de imperfeições pode gerar outras ainda maiores, como corolário. Entretanto, como vimos no capítulo anterior, algumas delas podem ser parcialmente corrigidas pela complementaridade entre organizações, pelo planejamento estratégico e pela administração estratégica.

Seria muito fácil encontrar exemplos de desencontros, falta de alinhamento e explicações para o fracasso ou a estagnação de uma empresa-escola. Neste livro, a opção foi escolher uns poucos exemplos de alinhamentos inadequados ou insuficientes nas prioridades de hospitais-escola tidos como excelentes, pois assim podemos lembrar que mesmo os melhores ainda podem aperfeiçoar-se e superar novos e velhos desafios.

Com base na experiência de médico, professor universitário e gestor, Waldemir Washington Rezende, ex-diretor do Instituto Central do Hospital das Clínicas da Faculdade de Medicina da Universidade de São Paulo, escreveu um livro denso, denominado *Estação Clínicas: os bastidores do maior hospital da América Latina*, no qual apresenta problemas, indica soluções e manifesta inquietações relevantes a respeito da gestão de um grande complexo hospitalar. Logo no início do livro, há uma frase lapidar sobre a situação dos gestores em organizações complexas pertencentes à estrutura dos serviços públicos: "É difícil mudar a cultura de culto à culpa das pessoas. Em administração, não deveríamos atribuir falhas aos funcionários mais humildes. Devemos reconhecer falhas nos processos, nas instruções, na delegação de autoridade, atribuições e funções" (REZENDE, 2007, p. 35). O autor apresenta, ainda, um rol de problemas com fornecedores e estruturas viciadas e autoritárias, que aparentemente conseguiram prosperar numa instituição considerada referência nacional de hospital de ensino. Mesmo que muitas das críticas e acusações apresentadas por ele sejam contestadas, certamente vale o seu alerta sobre problemas de integração das prioridades e dos interesses de diferentes *stakeholders* num empreendimento da magnitude de um grande hospital-escola.

Outra opinião que merece ser destacada é a de Harley E. A. Bicas, ex-chefe do Departamento de Oftalmologia e Otorrinolaringologia da Faculdade de Medicina de Ribeirão Preto da Universidade de São Paulo. Trata-se de uma perspectiva atual, cujo enfoque mais preciso está na questão da excelência, vista pendularmente como ênfase, ora no ensino, ora no atendimento hospitalar, entre outras nuanças. O autor menciona o conceito de "excepcionalidade" como uma espécie de palavra mágica para separar o bem do mal. Ele argumenta que essa "excepcionalidade" traduz um resultado no julgamento e que o significado do termo é discriminatório, dando ênfase a uma diferença qualitativa: *extra*ordinário, *in*comum, *ex*cêntrico, fora da regra. Para ele, isso é perigoso: numa curva de normalidade, as exceções tratam de dois tipos antagônicos: "excelente" ou "execrável".

O segundo aspecto tratado pelo autor é o da representação *quantitativa* do que seja excelência, num grupo. Nesse aspecto, ele critica a definição do referencial, que pode ser arbitrado com excessos que podem ir da rigidez extrema até a fragilidade permissiva. Advoga que o referencial divisório deve ser equânime, objetivo, recorrente e conhecido, para que seja coletivamente válido, subjetivamente aceito e eventualmente recorrível. Acrescenta que jamais pode ser elemento de surpresa que todos os participantes de um grupo alcancem um critério, especialmente quando a própria seleção inicial assim o requer.

O terceiro ponto abordado é o da aplicação do conceito: para que ele deve ser aplicado? O autor considera que há várias hipóteses, pois as consequências atingem tanto os docentes sobre os quais se dirigem quanto a própria instituição. Mas, partindo-se do pressuposto de que se pretende premiar o docente e de que as atividades de assessoria requeridas sejam claramente definidas, elas ficam reduzidas a duas:

- Os critérios de excelência não são os mais oportunos para o desempenho da função requerida.
- O bom desempenho das atividades, para as quais a assessoria é concedida, não basta para atender aos critérios de excelência (BICAS, 1999).

Nesse texto, o autor apresenta um dos focos essenciais das ênfases na excelência do ensino médico ou na excelência dos serviços hospitalares, sem a necessária integração dos processos de gestão e de avaliação dos desempenhos individuais e coletivos.

Os diversos congressos de hospitais-escola e de escolas médicas, assim como muitos encontros de profissionais que atuam em outras empresas-escola, frequentemente reportam dificuldades similares para equilibrar a avaliação dos objetivos educacionais com a dos objetivos de produção ou de prestação de serviços.

8
Possibilidades de sinergia entre as diversas atividades de uma empresa-escola

Os ambientes de aprendizagem das empresas-escola trazem algumas oportunidades muito propícias à experimentação de novas soluções metodológicas, como as propostas de aprendizagem baseada em problemas (ABP ou PBL), já exploradas com algum sucesso em vários hospitais-escola e outras unidades-escola da área de saúde.

A organização didática dos currículos com base em competências é o modelo atualmente referendado pela maior parte das diretrizes curriculares dos cursos técnicos ou superiores ligados às empresas-escola existentes. Quando comparada com as estruturas curriculares rígidas, cuja expressão se manifesta nas fatídicas grades de disciplinas estanques, a organização curricular baseada em competências traz mais possibilidades de sinergia entre as atividades de ensino realizadas nas faculdades ou escolas técnicas e as atividades de aprendizagem e sua aplicação nos ambientes educacionais em que essas competências tenham alguma chance de ser demonstradas como desempenho.

Em *O modelo da competência: trajetória histórica, desafios e propostas*, Philippe Zarifian parte da análise do modelo conceitual de competências para propor linhas de atuação que podem ser aplicadas ao ensino profissional. A proposta de Zarifian é apresentada em seis etapas: 1) explicitar a estratégia; 2) explicitar as grandes escolhas da organização; 3) definir princípios simples para a melhor compreensão dos conceitos; 4) elaborar uma primeira definição das áreas de competência; 5) analisar as situações com os interessados; 6) validar as áreas de competência e hierarquizar os níveis. Zarifian apresenta, também, algumas pistas para a generalização do modelo da competência em torno de quatro temas: a tomada de iniciativa, a tomada de responsabilidade, o poder de cooperação e a exigência de rigor (ZARIFIAN, 2003).

Jarbas Novelino Barato formula uma proposta desafiadora para a educação profissional, que pode ser aplicada a muitas situações comuns nas empresas-escola, como metodologia didática baseada na atividade, com todas as vantagens da integração entre os papéis essenciais da "empresa" e da "escola". Ele comenta: "Muitos trabalhadores celebram suas obras. Têm orgulho do que fazem. Esta constatação sinaliza dimensões axiológicas no interior das atividades produtivas" (BARATO, 2008, p. 6). A partir dessa abordagem, Barato trata com mais profundidade das possibilidades educacionais de duas vertentes teóricas que podem ajudar na melhor compreensão das práticas sociais voltadas para a produção e orientar novas formas de desenvolver atividades de educação profissional: a teoria da atividade e estudos recentes sobre as comunidades de prática. Barato considera que esse é um caminho que pode oferecer uma alternativa mais próxima do saber no trabalho do que a pedagogia da competência.

As comunidades de prática, utilizadas em processos de inovação empresarial e gestão do conhecimento por empresas líderes em seu segmento, são estratégias adequadas às empresas-escola, na medida em que possibilitam a integração, com máxima sinergia, de suas funções educativas e de atendimento aos clientes ou à comunidade. Gouvêa, Paranhos e Motta (2008) sintetizam as características fundamentais de uma comunidade de prática em três dimensões: "empreendimento comum, envolvimento mútuo e repertório compartilhado, por meio dos quais a prática serve como fonte de coerência de uma comunidade" (GOUVÊA; PARANHOS; MOTTA, 2008, p. 50). Essas autoras destacam que uma comunidade de prática deve ultrapassar o aspecto de interesses comuns e envolver relações mútuas de engajamento.

As empresas-escola, com sua característica anfíbia de organização empresarial de destaque e de escola que tem na criação de conhecimento uma de suas prioridades, são ambientes altamente propícios para viabilizar e estimular comunidades de prática. Nelas, tais comunidades podem ter maior sinergia do que é normalmente possível esperar das demais organizações empresariais e educacionais isoladas.

Finalmente e não menos importante, a sinergia entre objetivos e processos de uma empresa-escola deve ser buscada nos pontos de convergência entre o planejamento estratégico dos negócios e o projeto político-pedagógico dos cursos ou da instituição educacional mantenedora ou associada. É nessa convergência, certamente existente em todas as empresas-escola, que a sinergia pode ser obtida e gerenciada para cumprir basicamente três objetivos: melhor eficácia e efetividade dos resultados; satisfação dos clientes com os serviços ou produtos comercializados ou financiados com recursos públicos ou captados para atendimento à população; melhor qualidade da aprendizagem profissional dos estudantes que delas participam.

9
Educação corporativa: uma empresa que aprende pode ser uma boa empresa-escola

Empresas aprendizes

Na atual efervescência de mudanças aceleradas do ambiente social, econômico e tecnológico, só as empresas que se adaptam rapidamente conseguem sobreviver e crescer. Essas organizações se caracterizam como organizações que aprendem. Mas o que é uma organização aprendiz? DiBella e Nevis (1999, p. 6) respondem com simplicidade aparente: "A organização aprendiz tem sido caracterizada como aquela que possui a capacidade de adaptar-se às mudanças que ocorrem com seu ambiente e de reagir às lições trazidas pelas experiências por meio da alteração do seu comportamento organizacional".

Essa definição sugere que todas as organizações sobreviventes são aprendizes, de alguma forma. As que faliram também podem ter sido aprendizes, durante pouco ou muito tempo. Ou seja, todas as organizações vivas aprendem. A diferença entre as organizações aprendizes está, entre outras coisas, no método, ritmo, sustentabilidade e custos dessa aprendizagem.

Unidades de educação corporativa

Os atuais desenhos organizacionais caracterizados como universidades corporativas, centros de educação corporativa ou similares são uma evolução dos setores ou departamentos de treinamento e desenvolvimento. Embora em alguns casos essa evolução tenha sido mera mudança de rótulo, supõe-se que uma unidade de educação corporativa deva cumprir as seguintes condições: estar mais diretamente articulada ao planejamento estratégico da organização em que se insere; ser congruente com a missão, a visão e os valores organizacionais; e suas atividades devem ultrapassar a funcionalidade operacional, meramente destinada a suprir a diferença entre as competências instaladas e as competências necessárias ou desejadas, num dado recorte de tempo e de lugar da operação empresarial.

Educação corporativa: conceitos básicos

Qualquer empresa que adote um programa de educação corporativa bem planejado pode ser equiparada a uma empresa-escola com excelentes possibilidades de sucesso e de sustentabilidade.

Educação corporativa é a atividade empresarial que tem ligação com treinamento e desenvolvimento em suas origens. A principal diferença indicada pela literatura acadêmica é que a educação corporativa tem foco mais atento no conceito de aprendizagem orientada para atingir metas estratégicas e aperfeiçoar o desempenho empresarial (TAKAHASHI, 2007).

A expressão "educação corporativa" (EC) é usada praticamente como sinônimo de "universidade corporativa" (UC). Nos Estados Unidos, onde o conceito foi implantado inicialmente, é mais comum o uso de *corporate university*. No Brasil, até nos títulos de livros a expressão *corporate university* tem sido traduzida como "educação corporativa", por ser mais abrangente e não carregar o ônus, criticável, de exageros no academicismo, por exemplo. Neste livro, ambas as expressões serão tratadas como sinônimas, e a preferência será por "educação corporativa", salvo em citações ou quando se tratar do nome oficial do setor ou unidade de alguma empresa que usa a expressão "universidade corporativa".

Marisa Eboli, professora da Universidade de São Paulo e uma das principais e mais reconhecidas consultoras nesse tema, escreveu *Educação corporativa no Brasil: mitos e verdades*, um livro que já pode ser considerado um clássico no país. Essa obra apresenta algumas sínteses que iluminam o campo em que as empresas se transformam voluntariamente em escolas, eventualmente para suprir ou complementar eventuais carências do sistema educacional, mas principalmente porque acreditam que a educação é fundamental para a sobrevivência, a inovação e a perenidade institucional.

A educação corporativa e a gestão do conhecimento

Marisa Eboli aborda um ponto importante das experiências de maior sucesso em projetos de educação corporativa. Trata-se da integração entre práticas de gestão do conhecimento e de gestão por competências, tendo como corolário o desenvolvimento das competências críticas em uma organização. Segundo ela, "as empresas interessadas em projetos de educação corporativa realizam esforços internos para mapear suas competências críticas e investem em gestão do conhecimento" (EBOLI, 2004, p. 52).

A gestão do conhecimento é uma das vertentes mais importantes e críticas das organizações modernas, para as quais a inovação e a competitividade são fatores fundamentais de sobrevivência e crescimento. O uso de tecnologias de informação e comunicação é parte cada vez mais determinante das possibilidades de gerenciamento do conhecimento organizacional, num processo que favorece a ampliação da quantidade e da qualidade de conhecimentos e competências individuais tácitas, e os transforma em competências organizacionais explícitas, documentadas como conhecimento organizacional.

Na prática, "a gestão do conhecimento pode ser vista como uma coleção de processos que governa a criação, disseminação e utilização do conhecimento para atingir plenamente os objetivos da organização" (TEIXEIRA FILHO, 2000, p. 22).

O conhecimento coletivo é reconhecido por muitos autores como elemento fundamental para o desempenho das organizações. Na realidade, o conceito de conhecimento coletivo é uma abstração, a partir da combinação adequada entre habilidades e experiências individuais em relação ao trabalho coletivo.

Segundo Teixeira Filho (2000), as organizações precisam de uma abordagem que as veja "como uma comunidade humana, cujo conhecimento coletivo representa um diferencial competitivo em relação à concorrência". É nesse conhecimento coletivo que se baseiam as competências competitivas essenciais. Numa "empresa de petróleo, esse diferencial pode ser um entendimento mais apurado dos padrões geológicos pelos engenheiros de perfuração. Numa companhia de gás, pode ser o conhecimento técnico empregado pelo pessoal de campo". Uma compreensão mais abrangente dos hábitos de consumo dos clientes pode ser o conhecimento coletivo diferencial de um supermercado, enquanto a sensibilidade especial e a capacidade de empatia com o consumidor no momento do atendimento podem ser esse conhecimento compartilhado numa empresa de telemarketing. Em qualquer caso, esse conhecimento coletivo é aprimorado com a criação de redes informais de pessoas que realizam trabalhos afins, pessoas que eventualmente estão dispersas em diferentes unidades de negócio (TEIXEIRA FILHO, 2000).

A educação corporativa e as comunidades de prática

As comunidades de prática (COPs) são possibilidades muito ricas de aprendizagem compartilhada, uma das formas mais efetivas e prazerosas de aprender. Em educação corporativa, é altamente recomendável que as comunidades de prática sejam estimuladas e apoiadas. A ressalva é que não podem ser organizadas por decreto. É de sua essência e natureza que sejam espontâneas, tanto quanto possível. Se forem parte formal e compulsória do trabalho, serão, na verdade, grupos de trabalho, equipes de projeto, unidades empresariais de pesquisa e desenvolvimento ou qualquer outra configuração, mesmo que, oficialmente, os materiais promocionais da empresa afirmem que são comunidades de prática. Mas é possível que, ao compreender o papel efetivo das comunidades de prática no fortalecimento da aprendizagem individual e coletiva, a organização facilite e estimule seu aparecimento e crescimento.

Em universidades e na comunidade científica, especialmente em campos nos quais é mais baixa a competitividade por primazias na obtenção de patentes e por prioridades da inovação, há comunidades de prática de largo alcance cooperativo, com ramificações mundiais. As comunidades de desenvolvedores de *software* livre parecem ser um dos exemplos de alcance mais amplo e eficaz. A Wikipédia é outro exemplo de alcance mundial.

Nas empresas de segmentos muito competitivos, em que há algumas restrições quanto aos chamados segredos industriais, o cuidado com as informações sigilosas, que não podem ultrapassar as fronteiras corporativas, é um limitador crítico para as autorizações de acessos, as quais aumentam a viabilidade de tais comunidades. O aparecimento espontâneo de comunidades de prática eficazes é mais comum quando há um clima organizacional em que a lealdade à empresa é mais forte do que autorizações e proibições formais. Uma educação corporativa que valorize a aprendizagem individual e estimule as trocas, de modo que favoreça a aprendizagem coletiva, é um dos principais elementos organizacionais propiciadores de um clima organizacional assim configurado, quando há congruência com os demais elementos da gestão estratégica e das atividades no relacionamento cotidiano.

As comunidades de prática podem ser cultivadas, mas não é adequado tentar gerenciá-las. É arriscado e normalmente improdutivo que a área de educação corporativa tente implantar uma comunidade de prática por imposição formal da empresa. Entretanto, é possível e conveniente que a empresa auxilie e crie condições favorecedoras do funcionamento de uma COP surgida espontaneamente entre os funcionários de um setor ou de cargos similares distribuídos em várias filiais ou departamentos. A área de EC pode e deve identificar COPs existentes, além de atender demandas para melhorar as interações e a produção coletiva resultantes (FREIRE; LIMA, 2007).

Conclusão

Em síntese, a educação corporativa é uma das ações empresariais na área de gestão de pessoas que mais se assemelham às atividades mais valorizadas de uma escola. Quando há planejamento estratégico e visão de longo prazo, as empresas que mantêm programas ou unidades de educação corporativa atuam como empresas-escola, sem que para tanto precisem designar oficialmente seus projetos como universidades corporativas.

10

Programas de Aprendizagem: integração entre cursos de educação profissional e trabalho nas empresas

A palavra "aprendizagem" tem, neste livro, duas acepções. Uma delas é a mais comum, genérica, referente ao processo comum a todas as pessoas, grupos e até organizações que aprendem, nas escolas, na vida, no trabalho, em cursos ou programas, e até mesmo em cada simples ato corriqueiro, a partir do qual algo antes ignorado passa a ser conhecido, uma habilidade é incorporada ou aperfeiçoada, e assim por diante.

Outra acepção é definida na legislação trabalhista brasileira. Combinada com a legislação educacional, esta acepção introduziu no marco legal pátrio a figura jurídica dos cursos e programas de Aprendizagem e do Aprendiz (entendido como trabalhador-estudante enquanto participa de tais cursos e programas nos termos regulamentados). Neste livro, as palavras "Aprendizagem" e "Aprendiz" são grafadas com iniciais em letras maiúsculas, para referir-se a essa acepção especial, decorrente desse formalismo legal.

A confluência da escola e da empresa como vínculos obrigatórios para que a Aprendizagem e o Aprendiz sejam reconhecidos como legalmente válidos torna-as – empresa e escola – partes de um todo que passa a ser como uma empresa-escola. Esse é o motivo de destinarmos ao tema um capítulo deste livro.

Quanto melhor for o planejamento e a realização do curso de Aprendizagem na escola de educação profissional e quanto melhor a sua integração for planejada e coordenada com o programa de Aprendizagem em cada empresa que receba Aprendizes, tanto mais ambas – empresa e escola – poderão ser positivamente caracterizadas e louvadas como verdadeiras empresas-escola quanto à adequada realização das atividades educacionais e de desenvolvimento corporativo.

Breve história da educação profissional no Brasil[1]

Antes de ser batizado como Brasil pelos europeus que o invadiram, o território de nossa Pindorama teve uma pré-história de alguns milênios com habitantes humanos. Essa pré-história deixou poucos registros, pois os habitantes da terra eram ágrafos. Mas é possível chegar a algumas conclusões pelos estudos paleontológicos e antropológicos existentes, além da análise do que ocorre com os escassos povos indígenas sobreviventes (CORDÃO; MORAES, 2017).

Os estudos antropológicos com tribos indígenas brasileiras sobreviventes indicam que a educação indígena era muito mais integral do que a educação das nações que se afirmam como civilizadas. Além da maior integração geral entre educação e vida, provavelmente a educação pelo e para o trabalho era a regra. Assim, a educação indígena já considerava muitos dos princípios e regras que são preconizados neste livro como os mais adequados para a melhor operação de uma empresa-escola.

---

[1] No livro *Educação profissional no Brasil: síntese histórica e perspectivas* (CORDÃO; MORAES, 2017), do qual sou coautor, traçamos um percurso que resume bem como se desenvolveu a educação profissional no Brasil e que aqui merece ser citado. Para evitar longas citações diretas tanto a essa obra já publicada como ao Parecer CNE/CEB nº 16, de 5 de outubro de 1999 (BRASIL, 1999b), que fundamenta aquele texto, demos nova redação a alguns trechos e os republicamos.

Após o "descobrimento" do Brasil pelos portugueses, passaram a existir diferenças entre a educação geral e a preparação para o trabalho. A educação geral passou a ser destinada aos filhos dos nobres ou ricos, que eram preparados para funções no aparato burocrático ou na gestão das propriedades. Os pobres e os escravos só recebiam o preparo mínimo essencial para o trabalho manual, que exige esforço físico, suor e sofrimento.

A escravidão, que no Brasil durou mais do que na maioria absoluta dos países que adotaram essa modalidade absurda de exploração humana, reforçou e consolidou ainda mais a separação preconceituosa entre trabalho manual e trabalho intelectual. Os trabalhadores braçais sempre foram relegados a uma condição social inferior, mesmo quando seu trabalho era complexo, demandava conhecimentos sofisticados ou proporcionava resultados econômicos importantes. A educação acadêmica sempre foi destinada preferencialmente às elites. Para a maior parte da população, essa educação era considerada supérflua, e a preparação para o trabalho não era a ela associada. Aliás, nem mesmo as tais "elites condutoras" demandavam necessariamente alguma educação escolar (BRASIL, 1999b). Os membros da elite dominante cultivavam como ideal obter renda sem trabalho ou com pouco esforço. Isso decorre, principalmente, do patrimonialismo, que sempre foi muito disseminado no Brasil. O poder dessas elites sempre foi garantido pelas propriedades e por rendas delas decorrentes, enquanto os pobres dependiam de muito esforço e trabalho estafante para sobreviver, mesmo os que não eram escravizados.

O assistencialismo permaneceu pelo menos até as primeiras décadas do século XX como essência das políticas públicas e das ações coletivas orientadas para a educação profissional. A ideia principal era tirar o menor da rua. Aliás, esse enfoque ainda permanece no século XXI em muitos estratos sociais da elite e entre os formuladores de políticas públicas.

Apenas na metade final do século XX a educação profissional passou a incluir elementos de real motivação orientada para o mundo do trabalho, associada a projetos de desenvolvimento social e econômico. Na fase inicial dessa virada de enfoque essencial, a formação profissional realizada ainda era mais focada em treinamento operacional para tarefas mais simples e rotineiras. Mantinha-se rígida a separação entre o planejamento, o controle de qualidade dos produtos ou serviços e a execução efetiva do trabalho pelos operários ou profissionais semiqualificados. Os trabalhadores tinham pouca autonomia na maior parte das situações profissionais. Assim, a baixa escolaridade ainda não era considerada pelas elites e pelos governantes como fator importante para o atraso na expansão socioeconômica brasileira. Os próprios trabalhadores não sentiam muito a falta de uma oferta educacional mais sólida (CORDÃO, 2015).

A necessidade de uma melhor educação geral para os trabalhadores começou a ser percebida com um pouco mais de atenção apenas a partir das últimas décadas do século XX, com ampliação no início do século XXI. Os ambientes profissionais começaram a se tornar mais complexos em vários segmentos, exigindo profissionais mais qualificados e com condições de maior interação em situações inéditas e mutáveis. A formação desses profissionais precisou ampliar os objetivos de aprendizagem para incluir habilidades cognitivas e comportamentais que envolvem criatividade, trabalho em equipe, autonomia decisória e inovação. As empresas e organizações passaram, nas últimas décadas, por mudanças importantes e profundas. A educação profissional precisou superar a fase de preparação, que se baseava mais na execução operacional de tarefas, e incorporar os fundamentos científicos e tecnológicos, além da "valorização da cultura do trabalho e mobilização dos valores necessários à tomada de decisões" (BRASIL, 1999b).

As relações de trabalho alteraram-se bastante no início do século XXI. O trabalho mais relevante tende a integrar na equipe profissional ou no indivíduo que trabalha as atividades de planejamento, execução e avaliação.

As novas tecnologias interferem cada vez mais no trabalho moderno. Substituem profissões, alteram substancialmente o modo de realizar atividades profissionais antigas, criam novos desafios. A informalidade aumentou muito, com a consequente diminuição do emprego formal e da segurança jurídica a ele associada. Aumentou também a probabilidade de que, ao longo de sua vida, uma pessoa precise mudar de profissão diversas vezes.

Será cada vez mais importante que os trabalhadores sejam capazes de compreender e operar adequadamente os aspectos essenciais da tecnologia, os conhecimentos científicos que a embasam e os processos produtivos ou de serviços. A baixa escolaridade e as deficiências da escolarização geral dos trabalhadores são entraves que precisam ser considerados pelas instituições de educação profissional para viabilizar as novas exigências do mundo do trabalho.

Como se deduz dessa retrospectiva histórica, os conceitos legais de Aprendizagem e de Aprendiz imbricam-se num tripé um tanto complicado: assistencialismo, educação e trabalho. Na verdade, isso ocorre em todo o espectro da educação profissional destinada às ocupações de menor valorização social e remunerativa.

No caso do Aprendiz, até recentemente ainda se usava a expressão "menor aprendiz", explícita em todos os textos legais e "naturalmente" associável a outra expressão, esta de conotação explicitamente negativa: "menor infrator". Essa raiz histórica de viés preconceituoso certamente pouco contribui para o sucesso de um conceito de elevado potencial positivo, especialmente para as empresas com visão de futuro e que acreditam que é possível planejar sua sustentabilidade com base em pessoas comprometidas com o trabalho, qualificadas e bem-educadas.

Organizações pioneiras: Senai e Senac

Senai e Senac são as organizações de educação profissional de âmbito nacional cuja criação foi contemporânea da definição do marco legal para a Aprendizagem na década de 1940, e que incorporaram essa palavra em seu nome de batismo. Ainda hoje, Senai e Senac são as organizações que oferecem maior volume de vagas nos cursos de educação profissional destinados a Aprendizes, como gestoras diretas ou como parceiras.

Embora seja atualmente apenas uma entre as múltiplas ações educacionais e de desenvolvimento empresarial do Senai e do Senac, a Aprendizagem profissional regulada pela legislação trabalhista ainda é uma atividade educacional importante em ambos os casos.

Organizações do Sistema S criadas a partir da década de 1970

Há outras organizações de educação profissional, criadas a partir dos anos 1970 e 1980, que também foram incumbidas de oferecer Aprendizagem aos respectivos segmentos econômicos: o Serviço Nacional de Aprendizagem Rural (Senar), o Serviço Nacional de Aprendizagem do Transporte (Senat) e o Serviço Nacional de Aprendizagem do Cooperativismo (Sescoop).

Senar

O Senar tem sua história dividida em dois períodos. O primeiro teve início com o Decreto nº 77.354, de 31 de março de 1976, que criou o então denominado Serviço Nacional de Formação Profissional Rural (Senar), como órgão autônomo vinculado ao Ministério do Trabalho (como mera curiosidade, informo que fui o primeiro delegado estadual desse Senar em São Paulo). Nessa etapa, o Senar teve atuação muito limitada e manteve-se estagnado por mais de uma década.

O segundo período começou na década de 1990, com o atual Serviço Nacional de Aprendizagem Rural. Em atenção às disposições transitórias da Constituição de 1988, o novo Senar foi criado pela Lei nº 8.315, de 23 de dezembro de 1991, e regulamentado pelo Decreto nº 566, de 10 de junho de 1992.

Hoje, o Senar assume oficialmente que sua missão é

> realizar ações educacionais de formação profissional rural, assistência técnica e promoção social, contribuindo para o desenvolvimento do produtor e do trabalhador rural brasileiro com foco na produção sustentável, na inovação e na valorização das pessoas do campo. (SENAR, 2022)

Senat

O Senat foi criado junto com o Serviço Social do Transporte (Sest), em 1993. O Sest e o Senat são organizados e administrados pela Confederação Nacional do Transporte (CNT), regidos pelas disposições legais aplicáveis, por seus estatutos sociais e demais atos normativos complementares aprovados pelos seus conselhos deliberativos.

A missão integrada assumida oficialmente pelo Sest-Senat é

> Transformar a realidade dos trabalhadores do transporte e dos seus dependentes e contribuir para elevar a competitividade dos transportadores por meio da educação profissional e da promoção da saúde e da qualidade de vida. (SEST/SENAT, 2022)

Sescoop

O Sescoop é a organização mais recente entre as integrantes do chamado "Sistema S". Foi instituído conforme diretrizes da Medida Provisória nº 1.715, de 3 de setembro de 1998, que criou o Programa de Revitalização das Cooperativas Agropecuárias (Recoop) e o Serviço Nacional de Aprendizagem do Cooperativismo (Sescoop). O Regimento do Sescoop foi aprovado pelo Decreto Federal nº 3.017, de 6 de abril de 1999 (BRASIL, 1999a).

A Lei nº 10.097/2000 e as novas possibilidades de implementação de programas de Aprendizagem

Após um longo período em que a Aprendizagem teve um declínio de demanda por parte das empresas e de oferta por parte dos Serviços Nacionais de Aprendizagem, especialmente em decorrência de poucos esforços na fiscalização trabalhista sobre a atividade, a Lei Federal nº 10.097, de 19 de dezembro do ano 2000, alterou a Consolidação das Leis do Trabalho (CLT) nos aspectos referentes à Aprendizagem e ao Aprendiz.

Mais conhecida como "Lei do Aprendiz", essa alteração abriu a possibilidade de oferta adicional dos programas de Aprendizagem por outras organizações sem fins lucrativos, devidamente qualificadas e credenciadas para realizar formação técnico-profissional metódica.

Além dessa oferta dos cursos de Aprendizagem, essas organizações também ficaram autorizadas a contratar os Aprendizes como terceirizados das empresas que têm a obrigação legal de contratação, sem que isso gere vínculo de emprego com a empresa tomadora dos serviços.

Com tal alteração, a oferta de programas de Aprendizagem ampliou-se bastante e ficou mais capilarizada no território nacional.

Associação de Ensino Social Profissionalizante

Uma das organizações que mais se destacaram ao assumir o desafio de oferecer Aprendizagem nos termos da legislação reformulada foi a Associação de Ensino Social Profissionalizante (Espro), fundada por alguns clubes de serviço dos rotarianos. Mediante parcerias institucionais e com empresas que sentiram a necessidade legal de cumprir as novas regras que obrigam a contratação de Aprendizes, atualmente a Espro é o terceiro maior gestor de Aprendizagem no Brasil, logo após Senai e Senac.

Como instituição especializada, cujo foco prioritário é exatamente o mesmo público potencial para a Aprendizagem, a Espro traz, em seu *site*, material muito adequado e interessante sobre o tema, merecendo ser registrado como fonte de consulta para empresas, jovens estudantes e candidatos a emprego ou mesmo pesquisadores.

O papel do Ministério do Trabalho e Previdência na implementação e fiscalização de programas de Aprendizagem

Especialmente a partir da nova "Lei do Aprendiz", o Ministério do Trabalho e Previdência buscou ampliar significativamente o cumprimento da legislação trabalhista, que obriga todas as empresas e organizações a contratar como Aprendizes no mínimo 5% e no máximo 15% do total de empregados em funções que demandem qualificação, em cada estabelecimento. Ao combinar ação educativa, em parceria com a imprensa e com as próprias organizações formadoras, com ação fiscalizadora, mediante notificações dos auditores do trabalho e articulações com o Ministério Público do Trabalho, esse empenho tem conseguido ampliar de maneira significativa a demanda pelos cursos de Aprendizagem e o total de Aprendizes efetivamente contratados.

A meta do Ministério do Trabalho e Previdência era ter no Brasil 800 mil Aprendizes contratados até 2010. Essa meta jamais foi atingida. A última estatística oficial indica que em 31 de dezembro de 2021 havia no Brasil 460.935 Aprendizes contratados com vínculo ativo (BRASIL, 2022b).[2]

A fim de elucidar questões relacionadas à Lei da Aprendizagem e orientar os empresários sobre a contratação de Aprendizes, o Ministério do Trabalho e Previdência disponibiliza em seu *site* o "Manual da aprendizagem profissional: o que é preciso saber para contratar o aprendiz" (SINAIT, 2019). Esse manual foi elaborado pelo Sindicato Nacional dos Auditores Fiscais do Trabalho.

Seria desejável que não houvesse a necessidade de leis para obrigar as empresas a fazer o que para elas deveria ser parte de sua cultura. Entretanto, parece que as pessoas e as organizações só reagem à combinação de estímulos positivos com ameaças de punição. Isso ocorre com os que não usam cinto de segurança, com os fumantes e com os motoristas alcoolizados, por exemplo. O fenômeno se repete com as empresas, nos casos de contratação de portadores de deficiência e de Aprendizes.

Benefícios da Aprendizagem para empresas e Aprendizes

Os benefícios da Aprendizagem para as empresas que contratam Aprendizes são constatados por todos os gestores que se valeram, ao menos em parte, do enorme potencial desses programas. Para os jovens, são também inegáveis e ainda mais relevantes os benefícios de programas de Aprendizagem bem estruturados. A prática profissional

---

[2] Ver Boletim da Aprendizagem – 2021 (arquivo Excel) no tópico Boletins da Aprendizagem Profissional, disponível em: https://www.gov.br/trabalho-e-previdencia/pt-br/assuntos/aprendizagem-profissional-1. Acesso em: 3 ago. 2022.

em ambientes reais de desempenho, mas com cuidados especiais quanto à segurança e à organização didática da aprendizagem, garante maior integração entre a formação de conceitos e sua aplicação técnica mais eficiente e eficaz. "A história de vida de cada um é transformada, sem que se percam os elementos individuais essenciais" (ZANOTE, 2004).

São esses e muitos outros motivos que permitem assegurar que os programas de Aprendizagem são situações de integração entre empresas e escolas que transformam em louváveis congêneres reais das empresas--escola de elevado padrão as empresas que acolhem conscientemente os jovens Aprendizes.

11
Estágios e programas de *trainees*

A diferença essencial entre o estágio e o programa de *trainee* é de natureza trabalhista: o contrato de estágio, desde que esteja de acordo com as normas legais próprias, não gera vínculo empregatício entre empresa e estagiário, enquanto o *trainee* é necessariamente contratado como empregado, com todos os direitos trabalhistas garantidos.

Estágios: exemplos mais expressivos de integração entre empresas e escolas

Os estágios profissionais supervisionados são essenciais para que o aluno realize uma boa transição entre os estudos nos cursos ou programas de educação profissional e o ingresso efetivo em ocupação ou profissão correspondente. Mesmo no caso de estudantes do ensino médio, o estágio supervisionado pode mostrar-se bastante propício para uma inserção profissional mais genérica em ocupações cujo desempenho implica maior desenvolvimento de competências gerais do que de competências específicas, as quais requerem um tempo de estudos maior.

A situação de estagiário é regulamentada como fenômeno que atribui, à empresa ou organização que assim o recebe, um papel importante de agente educacional, com maior foco na aprendizagem vivencial ou prática em contextos relevantes e apropriados ao seu potencial de desenvolvimento acadêmico e profissional.

Os estágios profissionais de estudantes são regulados no Brasil por meio de legislação específica. Atualmente, a Lei Federal nº 11.788, de 2008, também chamada nova Lei do Estágio, trata do tema. A legislação descaracterizou a condição de vínculo empregatício para as situações comprovadas de estágio associado a cursos e programas educacionais regulamentados, que nelas estão explicitamente mencionados. O propósito dessa desvinculação é estimular as empresas e outras organizações a assumir o papel educacional em relação aos jovens estudantes, desonerando-as dos custos de encargos trabalhistas e de mínimos de remuneração obrigatória, normalmente definidos para as relações de emprego.

Entretanto, como algumas das atividades realizadas por estagiários são necessariamente similares às que caracterizam o trabalho de profissionais empregados ou autônomos, há a necessidade de demarcar indicadores objetivos e restrições que evitem o uso da abertura legal para exploração de candidatos ao primeiro emprego, facultando-lhes a cobrança de seus direitos, e permitindo à fiscalização trabalhista a possibilidade de separar com maior clareza as situações de estágio que ocorrem em paralelo ao trabalho com vínculo empregatício direto ou terceirizado. Aliás, só é viável que haja estagiários com bom aproveitamento de aprendizagem se houver, no ambiente organizacional, profissionais que possam orientá-los, supervisioná-los e apoiá-los em seu itinerário de desenvolvimento de competências para o trabalho e para a adequada convivência corporativa.

O Centro de Integração Empresa-Escola

No Brasil, a história dos estágios profissionais supervisionados associa-se quase umbilicalmente à história do Centro de Integração

Empresa-Escola (CIEE), que é o maior e mais conhecido agente de integração entre escolas que oferecem cursos superiores ou cursos técnicos e empresas ou organizações públicas ou privadas que queiram receber estudantes como estagiários.

O CIEE foi criado em 1964 e se apresenta como "associação civil de direito privado, sem fins lucrativos e de fins não econômicos, reconhecida como entidade de assistência social". Sua missão oficial é "contribuir para o acesso e integração ao mundo do trabalho, fortalecendo o exercício da cidadania" (CIEE, 2022).

Estágios e programas de Aprendizagem

Há duas grandes diferenças entre os estágios e os programas de Aprendizagem: os estágios não são obrigatórios para as empresas, nem geram vínculo empregatício quando corretamente configurados; a Aprendizagem é obrigatória por lei e se configura como vínculo empregatício em contrato temporário com algumas peculiaridades.

Provavelmente essas diferenças ajudam a explicar por que há muito mais estagiários do que Aprendizes. Só o CIEE já mediou a contratação de várias centenas de milhares de estagiários, apesar de ser possível a negociação e formalização dos estágios apenas com articulações entre empresas, escolas e estudantes (com anuência dos pais ou responsáveis, quando menores de 18 anos). Mesmo assim, o total de estagiários ainda representa uma parcela bem pequena do total de estudantes que poderiam pleitear vagas de estágio.

Situação do estágio no Brasil

A Associação Brasileira de Estágios (Abres) foi criada em 2004 e congrega vários agentes de integração. A Abres compilou alguns dados sobre estagiários e seu percentual em relação aos estudantes ativos.

Segundo a associação: "No total, são 8.758.237 alunos de ensino médio e técnico e apenas 214 mil estagiam (2,44%). No Superior, são 8.450.755 estudantes e, desses, apenas 686 mil estagiam (8,12%)" (ABRES, 2022).

A entidade destaca que a maior parte das vagas oferecidas é para estudantes de administração de empresas, comunicação social e informática e que há insuficiência de candidatos para estágios de engenharia, estatística, matemática, biblioteconomia, economia, secretariado executivo e ciências contábeis, casos em que as bolsas-auxílio são mais elevadas.

As informações aqui transcritas são congruentes com os dados apresentados nos vídeos institucionais e em palestras periodicamente promovidas pelo CIEE.

No caso da retração das vagas para estagiários após a promulgação da nova Lei do Estágio, os especialistas também convergem na opinião de que o maior impacto dessa diminuição decorre do período de transição e adaptação às novas regras, um pouco mais rigorosas, e também mais claras. Nesse período foram dirimidas dúvidas que deixavam as empresas inseguras sobre riscos de notificação em situações nas quais não havia ilícitos, mas em que as normas da nova legislação ainda deixavam lacunas para a interpretação dos agentes fiscalizadores, propiciando arbítrios perturbadores das boas relações contratuais. Além disso, houve coincidência com o período de maior impacto da retração econômica mundial e de seus reflexos no contexto empresarial brasileiro. Muito provavelmente os estágios retornarão aos patamares anteriores após a superação do período de transição da implantação desse novo marco legal, quando também tiver sido ultrapassado o período de desaceleração ou retração econômica.

Estágios como programas que aproximam as empresas da função de empresa-escola

Neste livro, o foco maior da atenção recai sobre a outra ponta das relações contratuais dos estágios: a empresa ou órgão público que admite estagiários. O número total de organizações com estagiários é maior do que a soma de quaisquer outras formas similares às empresas-escola: as que efetivamente atendem ao conceito aqui formulado, provavelmente menos que 2 mil ou 3 mil; as que contratam jovens Aprendizes nos termos exigidos pela legislação trabalhista, em número pouco maior que esse; e as empresas – ainda mais raras – que contratam *trainees*, quer sejam as que estão abrigadas em incubadoras e parques tecnológicos, quer as que mantêm unidades estruturadas de educação corporativa, ou as que trazem em sua missão e objetivos explícitos a prioridade educacional como componente essencial dos valores corporativos.

Esse é o motivo principal para a ênfase nos estágios como um programa de largo espectro em que as empresas se organizam, ao menos parcialmente, como escolas, ao assumir parte do papel educacional em cursos de graduação (nível superior) ou de ensino médio, nesse caso com destaque para a educação profissional técnica de nível médio.

Programas de *trainees*: opção relevante para uma empresa tornar-se escola e aprendiz de sua renovação gerencial

Muitas empresas e organizações, especialmente as de maior porte ou de tradição internacional, costumam utilizar programas de *trainees* como opção relevante para atrair, preparar e manter profissionais com elevado potencial e perfil acadêmico exemplar.

As ocupações mais frequentes para tais programas são as das áreas de engenharia e administração. O mais comum é o recrutamento realizado nas universidades ou faculdades de melhor conceito no mercado.

Algumas empresas aceitam candidatos sem restrição da escola de origem, mas certamente, mesmo nesses casos, o conceito da escola ainda é fator relevante no processo seletivo.

Algumas empresas chegam a ter centenas de candidatos para cada vaga disponível. Os processos seletivos são rigorosos e às vezes longos. O investimento das empresas na aculturação e no desenvolvimento dos *trainees* selecionados também é usualmente significativo, pois se espera que muitos deles venham a compor a elite dos seus quadros técnicos especializados e gerenciais. A integração de objetivos empresariais e negociais de médio e longo prazos com objetivos educacionais bem estruturados é que caracteriza a situação dos programas de *trainees* como muito similar à de empresas-escola na forma tratada neste livro.

Certamente, para os escolhidos por uma dessas empresas de classe mundial, que recrutam e desenvolvem *trainees* para seus quadros, tais empresas foram ou serão, em sua trajetória profissional, grandes escolas, na melhor e mais positiva acepção do termo. Tão ou mais importantes que as escolas formais pelas quais tenham transitado em suas vidas.

Normalmente, as empresas que contratam *trainees* também mantêm programas bem estruturados de educação corporativa, de contratação de Aprendizes e de estagiários. São empresas preocupadas com o planejamento estratégico e com o crescimento orientado para a sustentabilidade organizacional. Essas são características que garantem boa parte das possibilidades de sucesso de uma empresa-escola que merece ser considerada exemplar.

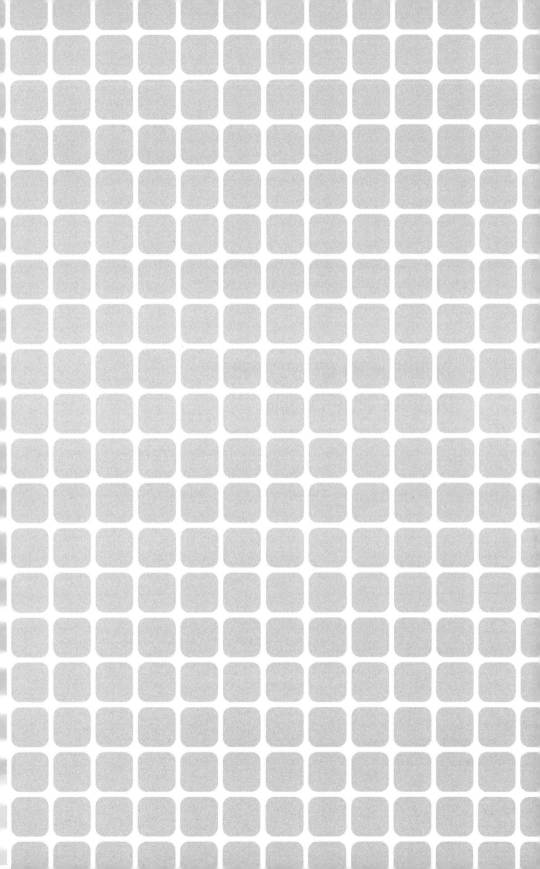

12

Incubadoras de empresas e parques tecnológicos

A inclusão das incubadoras de empresas e parques tecnológicos como capítulo deste livro deve-se a uma característica comum desses programas de incremento do empreendedorismo e do desenvolvimento tecnológico: são estruturados como espécie de escolas de empresas, ambientes empresariais com forte vocação educacional, normalmente associados a universidades e concentrados em segmentos de alta tecnologia, e que têm, como colaboradores preferenciais, estudantes ou egressos dos cursos de graduação e de pós-graduação com vocação empreendedora, ideias ou projetos de novos produtos ou serviços de interesse público. Há investimentos públicos nesses programas, especialmente de agências de fomento, além de parcerias com grandes empresas que têm maior interesse no desenvolvimento de novas frentes tecnológicas.

Agentes de fomento

O Serviço Brasileiro de Apoio às Micro e Pequenas Empresas (Sebrae) está entre os principais fomentadores e apoiadores técnicos do empreendedorismo, incrementando projetos de incubadoras de empresas quase sempre em parceria com agentes financiadores, como o

Banco Nacional de Desenvolvimento Econômico e Social (BNDES) e a Financiadora de Estudos e Projetos (Finep).

O BNDES também tem entre seus principais objetivos o apoio a empreendimentos de interesse coletivo, especialmente quando focados no desenvolvimento social e econômico. Sua missão oficial é "viabilizar e propor soluções que transformem o setor produtivo e promovam o desenvolvimento sustentável" (BNDES, 2022).

A Finep, empresa pública vinculada ao Ministério da Ciência, Tecnologia e Inovações, também está altamente focada em objetivos comuns aos das incubadoras de empresas e dos parques tecnológicos, ao afirmar que sua missão é "promover o desenvolvimento econômico e social do Brasil por meio do fomento público à ciência, tecnologia e inovação em empresas, universidades, institutos tecnológicos e outras instituições públicas ou privadas" (FINEP, 2022).

Situação, objetivo básico e classificação das incubadoras

O crescimento das incubadoras de empresas no Brasil é indicador relevante da utilidade e do apelo social e político desse tipo de investimento na integração entre as atividades educacionais e as atividades empresariais. As primeiras incubadoras foram implantadas nos anos 1980. A Associação Nacional de Entidades Promotoras de Empreendimentos Inovadores (Anprotec), fundada em 1987, atualmente reúne cerca de 300 associados.

O objetivo principal de uma incubadora é a redução da taxa de mortalidade das pequenas empresas. O próprio nome escolhido, derivado de sua congênere em avicultura, já sugere essa função. Esse objetivo é mais facilmente alcançável quando: o ambiente é flexível e incentiva os novos empreendedores; alguns recursos (rede local de computadores, recepção comum, limpeza, vigilância, serviços de copiadora e motobói, etc.) são parcialmente subsidiados; a divisão de custos é equânime; o processo seletivo prioriza os melhores projetos e os empreendedores mais aptos, fator que particularmente aumenta as chances de sucesso das empresas escolhidas.

As facilidades de apoio mais comuns propiciadas pelas incubadoras são: infraestrutura (estacionamento, recepção, salas de reunião, auditório, biblioteca, laboratórios, salas individuais e coletivas, copa e cozinha); serviços básicos (recepcionista, segurança, copiadora, telefonia e acesso a internet); assessoria (gerencial, contábil, jurídica, apuração e controle de custos, gestão financeira, comercialização, exportação); qualificação (treinamento, cursos, assinaturas de revistas, jornais e publicações); rede de relacionamentos (contatos com entidades governamentais e investidores, participação em eventos de divulgação das empresas, fóruns).

As incubadoras são normalmente classificadas, quanto ao foco e aos negócios, em tradicionais e tecnológicas e, quanto à forma de organização, em abertas, fechadas ou mistas.

Parques tecnológicos

Parques tecnológicos são áreas e ambientes estruturados para implantação de empresas orientadas para a inovação tecnológica. Normalmente são próximos e ligados a uma ou mais organizações de ensino e pesquisa. É muito comum que recebam investimentos públicos federais, estaduais ou municipais, e até mesmo de todas essas fontes simultaneamente, e também de agências nacionais e internacionais ou de grupos empresariais interessados.

O Sistema Paulista de Parques Tecnológicos (SPTec) é um programa da Secretaria de Desenvolvimento do Estado de São Paulo, e um dos principais exemplos nacionais de parque tecnológico, que aproveita a estrutura das três universidades estaduais paulistas para fomentar a inovação e o desenvolvimento tecnológico no estado.

Muitas das universidades federais e dos Institutos Federais de Educação, Ciência e Tecnologia também apresentam seus parques tecnológicos, frequentemente associados a prefeituras municipais, empresas e outras instituições educacionais da região em que estão inseridos.

Na prática, o conceito de parque tecnológico é muito similar ao de incubadora de empresas, sendo comum o uso dessas expressões como sinônimas.

13

A função educadora integrada à missão e à visão de uma empresa ou de um grupo empresarial

Educação pelo e para o trabalho

O padrão que define a apresentação dos objetivos de uma escola dedicada à educação profissional centra a missão e os objetivos organizacionais em alguma variante da expressão "educação para o trabalho". Isso vale também para a maioria dos cursos de educação superior, tanto na graduação quanto na pós-graduação. Essa expressão sugere uma relação sequencial entre a educação e o trabalho. Educa-se para viabilizar o trabalho *depois* desse processo educativo. Mesmo nos cursos de aperfeiçoamento e de especialização, é relativamente comum caracterizar-se uma relação temporal de *antes* e *depois* do processo educacional. A expectativa é que o processo educacional melhore o desempenho profissional, como decorrência da aprendizagem proporcionada.

As empresas, por seu lado, normalmente valorizam a experiência profissional tanto ou mais do que a vivência educacional, quando buscam preencher vagas em seus quadros de colaboradores. Quanto mais concorrido for um processo seletivo para uma vaga de emprego, maior tenderá a ser o peso relativo da vivência corporativa (numa empresa) para a escolha do candidato mais adequado. A escolaridade tende a ser pré-requisito inicial, incluindo nesse quesito a educação profissional específica – básica, técnica, superior ou de pós-graduação. Sempre que essa situação se apresenta, está implícito que a empresa considera que uma parte importante – talvez a mais importante – da educação profissional deve ocorrer nos próprios ambientes corporativos. Ou seja, é a educação pelo trabalho que proporciona aos trabalhadores um conjunto essencial de competências profissionais. Essa percepção, entretanto, quase nunca é incorporada de maneira consciente aos valores e práticas gerenciais das empresas. O que veremos a seguir são esses raros exemplos de empresas ou grupos empresariais que valorizam a aprendizagem organizacional.

Empresas como agentes da educação pelo trabalho

Algumas empresas assumem seu papel de agentes do desenvolvimento das pessoas porque acreditam que sua sustentabilidade depende da aprendizagem organizacional, da criação e da gestão de conhecimento interno. Tais empresas são como escolas de excelência. São organizações que aprendem... e ensinam. Ensinam muito, pois aprender e ensinar são cara e coroa de uma mesma moeda.

Entre as empresas que assumem a educação pelo trabalho como parte de sua essência está o Grupo Odebrecht (atualmente renomeado Novonor).

Essa postura é pilar fundamental da chamada Tecnologia Empresarial Odebrecht, conjunto de valores que orienta a missão e a visão das empresas que compõem a organização. O lucro é sua meta mais importante. Esse lucro é visto numa perspectiva de longo prazo, sem descuidar do cotidiano. Não se trata de uma escolha que permite sacar o lucro do presente em detrimento do lucro potencial do futuro, mas de uma ação deliberada para investir parte do lucro que poderia ser aferido imediatamente. Com isso, possibilita não apenas maior lucratividade futura, mas também ampliação da sobrevivência e sustentabilidade da empresa, com foco em sua perenidade.

A Tecnologia Empresarial Odebrecht define todos os gestores e colaboradores como "empresários" e "parceiros". Essa postura, associada ao conjunto de valores e à ênfase no papel educacional, entre outras, parece criar uma forte coesão interna entre as empresas que formam a organização. Tal coesão também está presente em muitas empresas ou grupos empresariais, especialmente quando originários de empresas familiares, que têm um fundador pioneiro que se transforma em "mito", deixando sua marca no conjunto de valores que orienta a missão e a visão ao longo da história da organização. Há até certa similaridade com o clima organizacional presente em grupos sociais de caráter religioso.

O Grupo Votorantim é outro grande conglomerado de capital brasileiro que destaca a educação como um princípio orientador da sustentabilidade organizacional.

Antônio Ermírio de Moraes, que foi presidente do Conselho de Administração do Grupo Votorantim, manifestava-se pessoalmente como grande incentivador da educação em geral e da educação profissional em especial, com muitos artigos publicados, nos quais sempre abordava o tema com envolvimento emocional e paixão juvenil. Um texto de sua autoria que merece destaque, "A importância do ensino profissionalizante", dá uma ideia da íntima relação entre a educação profissional e a competitividade empresarial. Uma síntese de seu raciocínio está na frase: "As empresas são forçadas a inovar para se manter vivas e isso depende fundamentalmente da competência dos seus colaboradores" (MORAES, 2006, p. 104).

O McDonald's Brasil é outra empresa que declara formalmente seu compromisso institucional com o desenvolvimento das pessoas que lá trabalham.

Certamente há muitos outros exemplos de organizações com esse enfoque educacional que as transforma em empresas-escola como algo inerente à sua forma, estrutura e cultura empresarial. O destaque dado neste capítulo a algumas corporações deve-se ao fato de que são casos mais conhecidos e divulgados de empresas que têm na educação pelo trabalho um componente essencial de seu planejamento estratégico. Mas, sem dúvida, há muito mais micro, pequenas e médias empresas com tais características, boa parte delas ainda jovens organizações geridas por seus pioneiros idealizadores. O difícil é descobri-las nessa etapa de um processo que certamente as levará ao topo de listas das maiores e melhores em futuro provavelmente próximo.

A chamada experiência profissional, um dos atributos mais valorizados no recrutamento de pessoas para as boas vagas nas empresas, é a resultante prática dessa educação pelo trabalho, quase sempre mais eficiente em integrar aspectos teóricos e práticos, quando comparada aos cursos e programas de educação para o trabalho.

A educação para o trabalho, realizada nas escolas de educação básica, nos cursos de educação profissional de nível técnico ou superior, necessita quase sempre ser complementada com educação pelo trabalho em ambientes corporativos, seja em organizações de grande porte, seja até mesmo em empreendimentos individuais.

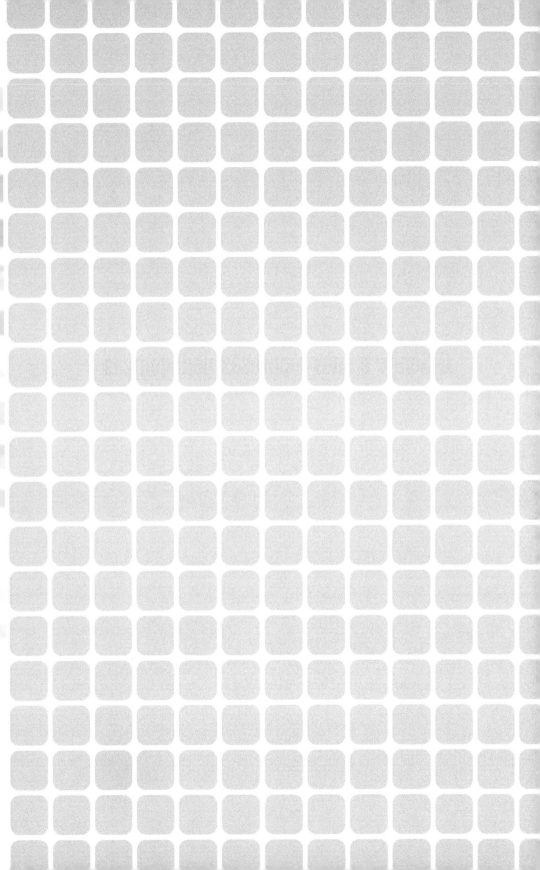

14

O Senac e suas empresas pedagógicas

O Serviço Nacional de Aprendizagem Comercial (Senac) foi criado em 1946, com foco na formação profissional para o setor de comércio e serviços. A orientação metodológica essencial era para a Aprendizagem comercial, com ênfase em atividades práticas. A fundamentação conceitual deveria decorrer do trabalho real nas empresas contratantes dos Aprendizes e em ambientes de aprendizagem estruturados nas próprias unidades do Senac. A simulação de contextos de trabalho foi uma das soluções encontradas para organizar essa metodologia. Desde o início, todas as opções didáticas enfatizaram a prática, a vivência de situações e problemas, a atividade do aluno, seja por meio de estágios, seja pela dramatização e simulação de atividades, como a loja-modelo, o escritório-modelo e a empresa-modelo, denominada Empresa Comercial de Treinamento Senac (ECTS), que simulava uma empresa comercial média, com todas as seções. Nessa última opção, a prática sempre esbarrou num detalhe significativo: a simulação, ao dar conotação lúdica às atividades, ressaltava o fato de que a empresa era fictícia, o que restringia a responsabilidade exclusivamente ao nível escolar.

Com a oferta de cursos para formação de profissionais de hotelaria e restaurantes, a questão operacional da destinação dos produtos, aliada ao problema de custos, possibilitou o desenvolvimento natural das chamadas "empresas pedagógicas". A simulação de um restaurante parecia ser uma solução didática menos viável do que operar um restaurante real. O Senac começou com restaurantes-escola, formando cozinheiros e garçons. Se inicialmente a clientela era composta pelos próprios funcionários do Senac, com o tempo foi se tornando diversificada, à medida que a atividade era orientada para o mercado. Como a entidade é administrada por um conselho com boa representação de empresários, a visão empresarial não poderia deixar de perceber as implicações desse fenômeno, o que incentivaria novas experiências similares.

A partir desse aparecimento quase espontâneo, consequência da aplicação de métodos ativos no ensino de profissões, criaram-se no Senac diversos centros ou unidades de formação profissional, caracterizados como empresas pedagógicas: restaurantes, lanchonetes, hotéis, institutos de beleza, lojas, supermercado, agências de turismo, agência publicitária, postos de serviços e venda de combustíveis.

A experiência, inicialmente tímida, adquiriu vulto e significação no âmbito do Senac, e novamente a visão empresarial, aliada à perspectiva de educadores, fez ressaltar a urgência de sistematizar e avaliar essa opção metodológica.

A expressão "empresa pedagógica" – ou empresa-escola autônoma – foi introduzida no Senac para designar as unidades físicas e o complexo metodológico que conjugam funções empresariais e de ensino, numa sistemática própria definida.

A primeira unidade educacional configurada como empresa-escola, com a denominação interna de "empresa pedagógica", foi o Restaurante-escola do Departamento Regional do Senac do Paraná, instalado em Curitiba em 1962. No ano seguinte, foram assumidos dois hotéis-escola: o Hotel Grogotó, em Barbacena, pelo Senac Minas Gerais, e logo depois o Hotel-escola de Águas de São Pedro, pelo Senac São Paulo.

A simultaneidade e a integração entre as atividades operacionais voltadas para o mercado e os processos de ensino-aprendizagem de ocupações a elas correspondentes são as principais características do conceito de empresa pedagógica adotado pelo Senac.

Em 2012, quando foi publicada a segunda edição deste livro, eram 84 as empresas pedagógicas ativas no Brasil (MORAES, 2012, p. 213). A pandemia de Covid-19 provocou o fechamento temporário de quase todas as empresas pedagógicas do Senac no país, pois todas são dos setores mais afetados pelas restrições de atendimento presencial. Muitas delas foram fechadas definitivamente, como ocorreu com o pioneiro Hotel Senac Grogotó. O Relatório Geral Senac 2021 informa que 21 empresas pedagógicas ainda constam como ativas, exatos 25% do total de 2012 (SENAC, 2022, p. 11).

Os hotéis-escola foram os que mais se mantiveram. Dos cinco hotéis-escola Senac ativos em 2012, apenas o Hotel Senac Grogotó encerrou atividades durante a pandemia. Atualmente, continuam em operação os dois hotéis-escola paulistas, em Águas de São Pedro e em Campos do Jordão; o Hotel Senac Ilha do Boi, no Espírito Santo; e o Hotel Senac Barreira Roxa, no Rio Grande do Norte.

O pioneiro Grande Hotel São Pedro – Hotel-escola Senac foi fundado na década de 1940 pelo Governo do Estado de São Paulo. A partir de 1969, passou a ser administrado pelo Senac São Paulo, em comodato por 30 anos, e desde então funciona como hotel-escola. Em 1986, o complexo hoteleiro Grande Hotel São Pedro foi doado ao Senac, com a condição de ser operado sempre como hotel-escola. Atualmente, ali funciona o Campus Águas de São Pedro do Centro Universitário Senac. O Grande Hotel Campos do Jordão – Hotel-escola Senac foi originalmente fundado em 1944 como Grande Hotel Cassino, teve sua fase áurea e depois ficou fechado por cerca de duas décadas. Após convênio entre o Governo do Estado de São Paulo e o Senac São Paulo, o Grande Hotel Campos do Jordão foi reformado com as características arquitetônicas originais e passou a ser operado pelo Senac como hotel-escola, desde 1998. Ali funciona o Campus Campos do Jordão do Centro Universitário Senac.

O Hotel-escola Senac Ilha do Boi opera desde 1979, em Vitória do Espírito Santo, no topo da Ilha do Boi. Esse hotel foi construído para ser um hotel-escola. Sua concepção arquitetônica priorizou o caráter pedagógico, visando possibilitar aos estudantes o acesso a diferentes ambientes de aprendizagem.

O Senac Rio Grande do Norte mantém o Hotel-escola Senac Barreira Roxa, em Natal. O hotel foi inaugurado pelo Governo do Estado em 1984 e sua gestão passou para o Senac RN em 2004. O hotel foi reinaugurado em 2018 após ampla reforma.

As demais configurações de empresas pedagógicas do Senac no Brasil foram mais afetadas pelas circunstâncias da pandemia. Restaurantes, lanchonetes, salões de beleza e outras empresas-escola de prestação de serviços tiveram mais dificuldade de sobrevivência. Uma exceção que merece destaque é o Restaurante Escola Senac Pelourinho, que é referência turística e gastronômica em Salvador desde 1975.

As empresas pedagógicas do Senac como empresas-escola e como espaços pedagógicos

Cabe alertar que apenas algumas das empresas pedagógicas mantidas pelo Senac atendem ao conceito de empresa-escola adotado neste livro: são aquelas que servem como ambiente de aprendizagem para cursos técnicos de nível médio ou cursos superiores de tecnologia, bacharelado ou pós-graduação. Diversas empresas pedagógicas são ambientes de aprendizagem destinados a cursos para formação inicial e continuada de trabalhadores, considerados de educação não formal. Nesse caso, não são consideradas empresas-escola nos termos conceituais aqui apresentados.

Portanto, nos termos definidos neste livro, empresas-escola são apenas aquelas empresas pedagógicas voltadas exclusivamente para a aprendizagem de alunos matriculados em cursos estruturados como técnicos de nível médio ou superior (graduação ou pós-graduação).

As empresas pedagógicas caracterizam-se como opções de ambientes de aprendizagem mantidos na rede de unidades do Senac em todo o Brasil. Esses ambientes físicos são estruturados para facilitar a aprendizagem e, na maior parte das situações, são organizados para atividades exclusivamente educacionais. Ou seja, as ações de educação profissional do Senac no Brasil são prioritariamente desenvolvidas em ambientes destinados a aulas convencionais e a práticas orientadas ou simuladas. Além disso, tais ações implicam a óbvia e necessária integração com as empresas ou organizações cuja atividade corresponde à atividade objeto da aprendizagem, seja para a aplicação dos conhecimentos e das habilidades adquiridas, seja para os estudos do meio, seja para estágios supervisionados, seja para pesquisas e projetos especiais. Tudo isso deve ser previsto criteriosamente no planejamento de cada curso, módulo, conjunto de competências ou mesmo disciplinas estudadas.

Custo versus benefício de uma empresa pedagógica

Passados quase sessenta anos do surgimento das empresas pedagógicas, tendo pessoalmente acompanhado, por mais de três décadas, as atividades de diversas dessas unidades em seus ambientes especiais de aprendizagem, posso afirmar que a empresa pedagógica é uma opção educacional de custo final comparativamente mais elevado do que outras opções metodológicas, e de resultados de aprendizagem efetivos normalmente apenas equivalentes aos de outros formatos que viabilizam contatos diretos com as diversas configurações de empresas do mesmo segmento.

A única vantagem organizacional para a manutenção ou para a eventual configuração de uma nova empresa pedagógica no portfólio de ambientes de aprendizagem de um Departamento Regional do Senac é, a meu ver, a de imagem, decorrente da percepção de valor mercadológico que pode ser obtida com a operação de um restaurante-escola ou de um hotel-escola exemplar. Ademais, há frequente dificuldade para compatibilizar, numa mesma unidade operacional, os valores e premissas da unidade de negócios competitivos com os objetivos educacionais.

A escolha de profissionais oriundos do mercado para gerir a frente competitiva comumente gera conflitos com a equipe pedagógica, o que pode levar à anulação de esforços ou perda de sinergia entre as atividades educacionais e a prestação de serviços aos clientes. É constante o desafio de se evitar que os alunos em atividades práticas na produção ou no atendimento aos clientes fiquem entre os extremos que vão desde a perspectiva de sua exploração como "tarefeiros" (supostamente) de baixo custo em atividades repetitivas, até a visão segundo a qual tais estudantes "atrapalham" a operação comercial do empreendimento. A maioria das empresas pedagógicas em operação tem configurações que permitem enfrentar satisfatoriamente esse desafio. Entretanto, a elevada "mortalidade" das empresas pedagógicas na história do Senac sugere que é mais comum a ocorrência de situações nas quais tal desafio não consegue ser superado.

Atualmente, para que uma nova empresa pedagógica seja implantada, o Senac elabora estudos preliminares comparativos sobre outras opções de ambientes de aprendizagem, além de considerar sempre a possibilidade de firmar parcerias com empresas cujo perfil seja adequado e cuja orientação também se dê por enfoques de longo prazo e por cuidadoso planejamento estratégico, que leve em conta as principais variáveis mercadológicas, financeiras e educacionais envolvidas. É muito provável que, na maioria das propostas, seja mais adequado um bom planejamento de parcerias para realização de estágios, estudos do meio e visitas técnicas. Essas opções metodológicas são mais flexíveis, muito mais econômicas, e podem ser até melhores do ponto de vista da aprendizagem, pois permitem maior leque de modelos comparativos.

Aliás, até mesmo os hospitais-escola, que têm ciclos de vida bem mais longos do que os demais tipos de empresas-escola, por serem campos de aprendizagem para profissionais cuja formação exige a conclusão de cursos com até seis anos de duração, atualmente são estruturados muito mais com base em parcerias do que mediante a construção de novos hospitais universitários. No caso dos hospitais-escola, as exigências formais para aprovação de cursos de graduação, as demandas da residência médica e outras características essenciais da área de saúde tornam a necessidade dessa configuração anfíbia um fenômeno obrigatório. Isso não ocorre com as empresas pedagógicas ou empresas-escola existentes no Senac.

Conclusão

Se uma conclusão é cabível para este livro, pode ser uma reflexão sobre o subtítulo de suas edições anteriores: educação para o trabalho *versus* educação pelo trabalho.

A educação formal, em sua concepção mais tradicional, normalmente enfoca seus objetivos de integração com o contexto do trabalho num olhar para um futuro possível, por vezes modelado em utopia. É o que se poderia denominar "educação para o trabalho", um trabalho ideal, talvez nunca alcançável na profissão ou até na área para a qual o curso ou programa se organiza. Há, nessa opção, muita perda de tempo, de paciência e de dinheiro, muitos currículos inúteis e sobretudo muita "decoreba", utilizada só para obter aprovação em provas, e cujas informações a boa saúde mental destinará aos arquivos mais escondidos da memória de cada estudante que é vítima do processo.

O mundo do trabalho se vira como pode: contrata as pessoas dentro de seus limites e possibilidades, acerta-se com elas, por vezes à custa de muitas deficiências qualitativas nos produtos e serviços, baixa produtividade e alta rotatividade. Ao longo da vida, os profissionais sobreviventes vão se qualificando cada vez mais, muitas vezes com apoio de cursos formais ou de atividades não formais de aprendizagem, treinamentos operacionais, palestras, vídeos, manuais e muita conversa com colegas de trabalho, clientes e até concorrentes. Essa é a chamada por muitos de "escola da vida" – a educação pelo trabalho. Trabalho que, de instrumento de tortura,[1] passa a ser no mundo contemporâneo um sonho almejado por muitos, razão de existência para tantos outros. A maior parte dos profissionais se qualifica ou se requalifica pelo trabalho. Quando há sinergia de propósitos entre os trabalhadores que se qualificam pelo trabalho e as organizações nas quais eles atuam, tanto melhor para ambos. Os ganhos são mútuos. Quando a aprendizagem decorre mais das experiências negativas, as perdas também são mútuas.

A integração entre essas duas perspectivas da educação profissional é um sonho possível, mas de difícil concretização. Este livro tratou de algumas das possibilidades de integração, com caminhos já trilhados e muitas promessas de novas sendas a percorrer, para que se tornem caminhos mais conhecidos. As empresas-escola são empreendimentos promissores, que possibilitam o encontro da educação pelo trabalho e da educação para o trabalho, num diálogo constante e proveitoso. As empresas que aceitam o desafio de assumir papéis educacionais transformam-se em escolas bem planejadas, nas quais trabalhar e aprender são quase sinônimos e geram satisfação, além dos resultados econômicos e mercadológicos. Por meio de estágios, programas de Aprendizagem nos termos da legislação nacional, programas de *trainees* e de educação corporativa, tais empresas ensinam e aprendem, aprendem enquanto ensinam. Ganham muito com isso e geram vantagens para seus funcionários, para seus acionistas ou sócios, para a comunidade em que se inserem e para a nação que as acolhe.

As empresas que assumem como missão o papel de agentes educacionais privilegiados fazem tudo isso e ainda querem mais. Querem e talvez possam perpetuar-se como "empresas que fazem escola", tanto

---

[1] "Trabalho" vem do latim *tripalium*, antigo instrumento de tortura (TRABALHO, 2022).

quanto seja possível utilizar o verbo "perpetuar" na escala dos seres vivos e dos organismos sociais.

As escolas que não temem perder sua condição de templos sagrados ao assumir que são também empreendimentos que precisam ser geridos com critérios e indicadores de avaliação tão objetivos quanto possível funcionam como modelos de empresas de sucesso: olham para seus alunos e para a sociedade como seus clientes e colaboradores, pautam-se por valores da excelência organizacional e, assim, podem almejar e conseguir a perpetuidade.

Empresas e escolas, empresas-escola ou escolas-empresa, todas são ambientes de aprendizagem, com maior ou menor ênfase. Seus fins podem ser louváveis e meritórios, como os de boa parte dos exemplos aqui apresentados. Podem ser negócios que façam jus à sua etimologia de "negação do ócio".[2] Mas podem ser quase o seu inverso, como uma escola de samba, que se vale de muito trabalho e muito planejamento durante o ano inteiro, para glorificar o lazer (ócio) em três dias de carnaval. Além de serem organizações tipicamente nacionais, as escolas de samba são exemplos dos mais ricos para compreender a essência do conceito de empresa-escola (ou escola-empresa), muito embora nem tenham sido listadas neste livro, pois não se vinculam a cursos regulamentados. Até mesmo uma organização mafiosa ou os "ambientes corporativos" organizados nas prisões ou em guetos criminosos podem estruturar-se conforme o modelo educacional de empresa-escola, muito similar à aprendizagem baseada em problemas. O tráfico de drogas é um caso, infelizmente mais eficaz do que algumas empresas-escola tradicionais. Obviamente, não é possível recomendar essas configurações como exemplares, pois seus objetivos e métodos de operação, avaliação e seleção são todos socialmente condenáveis. A reflexão é cabível aqui apenas

---

[2] Ver, a respeito, interessante artigo de Paulo Mendes Pinto, *ÓCIO OU negÓCIO?* (PINTO, [s. d.]).

para destacar que o fato de obter sucesso com os resultados empresariais ou de aprendizagem não é suficiente para o julgamento definitivo do valor de uma empresa-escola, de uma escola que é uma empresa ou de uma empresa que é uma escola. Seus fins, seus valores e seus resultados precisam ser julgados à luz de critérios mais amplos, da sua contribuição efetiva para a humanidade e para o equilíbrio do meio ambiente, local e global, seja no presente, seja no futuro próximo ou mais remoto.

Em síntese, as empresas-escola devem pautar-se por critérios de excelência internacionalmente reconhecidos, como aqueles considerados essenciais pela Fundação Nacional da Qualidade (FNQ) para conceder o Prêmio Nacional da Qualidade (PNQ). Os critérios de excelência devem balizar a gestão estratégica e a operação cotidiana das empresas, das escolas e das empresas-escola ou das escolas-empresa. Esse é o principal caminho para os bons resultados e para a sobrevivência e o crescimento organizacional, quiçá para a perpetuidade possível.

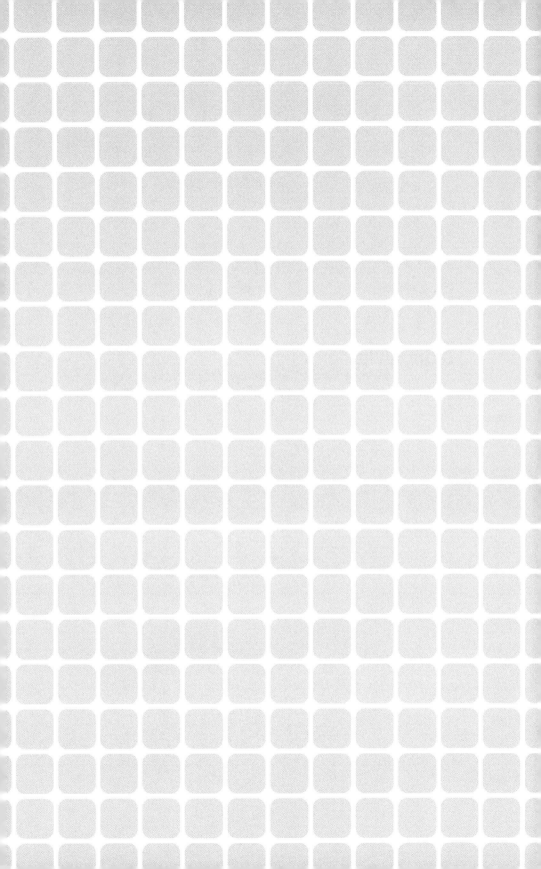

Referências

ALBERTINO, Mariângela de Paula. *Ambiente educacional como facilitador da aprendizagem na educação profissional*. 2005. Dissertação (Mestrado em Educação) – Universidade Cidade de São Paulo, São Paulo, 2005.
ASSOCIAÇÃO BRASILEIRA DE EDUCAÇÃO MÉDICA (ABEM). *O que é a Abem*. São Paulo: Abem, 2022. Disponível em: https://website.abem-educmed.org.br/sobre-a--abem/o-que-e-a-abem/. Acesso em: 28 jul. 2022.
ASSOCIAÇÃO BRASILEIRA DE ENSINO DE PSICOLOGIA (ABEPSI). *Primeiro projeto de curso de psicologia*: Instituto de Psicologia do Ministério da Educação e Saúde. 2012. Disponível em: http://www.abepsi.org.br/portal/wpcontent/uploads/2011/07/1932_primeiroprojetodecursodepsicologia.pdf. Acesso em: 9 abr. 2012.
ASSOCIAÇÃO BRASILEIRA DE ESTÁGIOS (ABRES). *Estatísticas*. São Paulo: Abres, 2022. Disponível em: https://abres.org.br/estatisticas/. Acesso em: 29 jul. 2022.
ASSOCIAÇÃO BRASILEIRA DE HOSPITAIS UNIVERSITÁRIOS E DE ENSINO (ABRAHUE). *Site institucional*. Brasília: Abrahue, 2022. Disponível em: http://www.abrahue.org.br. Acesso em: 16 maio 2022.
ASSOCIAÇÃO BRASILEIRA DE NORMAS TÉCNICAS (ABNT). *Site institucional*. São Paulo: ABNT, 2022. Disponível em: http://www.abnt.org.br/. Acesso em: 16 maio 2022.
ASSOCIAÇÃO DE ENSINO SOCIAL PROFISSIONALIZANTE (ESPRO). *Site institucional*. São Paulo: Espro, 2019. Disponível: em https://www.espro.org.br/. Acesso em: 16 maio 2022.
ASSOCIAÇÃO NACIONAL DE ENTIDADES PROMOTORAS DE EMPREENDIMENTOS INOVADORES (ANPROTEC). *Site institucional*. Brasília: Anprotec, 2019. Disponível em: http://anprotec.org.br/. Acesso em: 16 maio 2022.
AZANHA, José Mário Pires. *A formação do professor e outros escritos*. São Paulo: Editora Senac São Paulo, 2006.
BANCO NACIONAL DE DESENVOLVIMENTO ECONÔMICO E SOCIAL (BNDES). *Site institucional*. Rio de Janeiro: BNDES, 2022. Disponível em: http://www.bndes.gov.br. Acesso em: 16 maio 2022.

BARATO, Jarbas Novelino. Conhecimento, trabalho e obra: uma proposta metodológica para a educação profissional. *Boletim Técnico Senac: a Revista da Educação Profissional*, v. 34, n. 3, set.-dez. 2008. Disponível em: http://www.bts.senac.br/index.php/bts/article/view/262. Acesso em: 16 maio 2022.

BARATO, Jarbas Novelino. *Educação profissional*: saberes do ócio ou saberes do trabalho? São Paulo: Editora Senac São Paulo, 2004.

BARATO, Jarbas Novelino. *Escritos sobre tecnologia educacional e educação profissional*. São Paulo: Editora Senac São Paulo, 2002.

BARATO, Jarbas Novelino. *Fazer bem feito*: valores em educação profissional e tecnológica. Brasília: Unesco, 2015. Disponível em: http://unesdoc.unesco.org/images/0023/002336/233600POR.pdf. Acesso em: 16 maio 2022.

BARATO, Jarbas Novelino. *Trabajo, conocimiento y formación profesional*. Montevideo: OIT/Cinterfor, 2016. Disponível em: http://www.oitcinterfor.org/sites/default/files/file_publicacion/trab_con_fp_jarbas_web_0.pdf. Acesso em: 16 maio 2022.

BATISTA, Nildo Alves; BATISTA, Sylvia Helena Souza da Silva (org.). *Docência em saúde*: temas e experiências. São Paulo: Editora Senac São Paulo, 2004.

BICAS, Harley E. A. O Hospital das Clínicas da Faculdade de Medicina de Ribeirão Preto e a Universidade de São Paulo: são associados?. *Revista do Hospital das Clínicas e da Faculdade de Medicina de Ribeirão Preto da USP*, v. 32, n. 4, out.-dez. 1999. Disponível em: http://www.revistas.usp.br/rmrp/article/view/29421/31281. Acesso em: 4 maio 2022.

BRASIL. Governo Federal. *Decreto federal nº 3.017, de 6 de abril de 1999. Aprova o Regimento do Serviço Nacional de Aprendizagem do Cooperativismo – SESCOOP*. Brasília, 1999a. Disponível em: http://www.planalto.gov.br/ccivil_03/decreto/d3017.htm#:~:text=DECRETO%20No%203.017%2C%20DE,vista%20o%20disposto%20no%20art. Acesso em: 29 jul. 2022.

BRASIL. Governo Federal. *Projeto de Lei Complementar: regulamenta o inciso XIX do art. 37 da Constituição Federal, parte final, para definir as áreas de atuação de fundações instituídas pelo Poder Público*. Brasília: Congresso Nacional, 2007a. Disponível em: https://www.camara.leg.br/proposicoesWeb/prop_mostrarintegra?codteor=483713. Acesso em: 16 maio 2022.

BRASIL. Ministério da Defesa. Marinha do Brasil. *Navio-Escola "Brasil" inicia a XXXIII Viagem de Instrução de Guardas-Marinha*, 23 jul. 2019. Disponível em: https://www.marinha.mil.br/noticias/navio-escola-brasil-inicia-xxxiii-viagem-de-instrucao-de-guardas-marinha. Acesso em: 16 maio 2022.

BRASIL. Ministério da Educação. Conselho Nacional de Educação. Câmara de Educação Básica. *Parecer CNE/CEB nº 16/99 – Trata das Diretrizes Curriculares Nacionais para a Educação Profissional de Nível Técnico*. Brasília: MEC-CNE, 1999b. Disponível em: http://portal.mec.gov.br/setec/arquivos/pdf_legislacao/tecnico/legisla_tecnico_parecer1699.pdf. Acesso em: 16 maio 2022.

BRASIL. Ministério da Educação. Conselho Nacional de Educação. Câmara de Educação Superior. *Resolução CNE/CES nº 3, de 7 de novembro de 2001. Institui Diretrizes Curriculares Nacionais do Curso de Graduação em Enfermagem*. Brasília: CNE/CES,

2001a. Disponível em http://portal.mec.gov.br/cne/arquivos/pdf/CES03.pdf. Acesso em: 16 maio 2022.

BRASIL. Ministério da Educação. Conselho Nacional de Educação. Câmara de Educação Superior. *Resolução nº 4, de 7 de novembro de 2001. Institui Diretrizes Curriculares Nacionais do Curso de Graduação em Medicina*. Brasília: CNE/CES, 2001b. Disponível em: http://portal.mec.gov.br/cne/arquivos/pdf/CES04.pdf. Acesso em: 16 maio 2022.

BRASIL. Ministério da Educação. *Hospitais universitários*. Brasília: MEC, 2022a. Disponível em: http://portal.mec.gov.br/hospitais-universitarios. Acesso em: 16 maio 2022.

BRASIL. Ministério da Saúde. Ministério da Educação. *Portaria Interministerial nº 285, de 24 de março de 2015. Redefine o Programa de Certificação de Hospitais de Ensino (HE)*. Brasília: MS/MEC, 2015. Disponível em: http://bvsms.saude.gov.br/bvs/saudelegis/gm/2015/prt0285_24_03_2015.html. Acesso em: 16 maio 2022.

BRASIL. Ministério da Saúde. Ministério da Educação. *Portaria Interministerial nº 2.400, de 2 de outubro de 2007: estabelece os requisitos para certificação de unidades hospitalares como hospitais de ensino*. Brasília: MS/MEC, 2007b. Disponível em: http://bvsms.saude.gov.br/bvs/saudelegis/gm/2007/pri2400_02_10_2007.html. Acesso em: 16 maio 2022.

BRASIL. Ministério do Trabalho e Previdência. Aprendizagem profissional: Boletins de aprendizagem profissional: Boletim da Aprendizagem – 2021. *Gov.br*, 15 jul. 2022b. Disponível em: https://www.gov.br/trabalho-e-previdencia/pt-br/assuntos/aprendizagem-profissional-1. Acesso em: 3 ago. 2022.

BRASIL. Presidência da República. *Decreto nº 77.354, de 31 de março de 1976. Dispõe sobre a criação, no Ministério do Trabalho, do Serviço Nacional de Formação Profissional Rural – SENAR, assegurando-lhe autonomia técnica, administrativa e financeira, e dá outras providências*. Brasília, 1976. Disponível em: http://www2.camara.leg.br/legin/fed/decret/1970-1979/decreto-77354-31-marco-1976-426006-publicacaooriginal-1-pe.html. Acesso em: 16 maio 2022.

BRASIL. Presidência da República. *Decreto nº 80.281, de 5 de setembro de 1977. Regulamenta a Residência Médica, cria a Comissão Nacional de Residência Médica e dá outras providências*. Brasília, 1977. Disponível em: http://www.planalto.gov.br/ccivil_03/decreto/1970-1979/D80281.htm. Acesso em: 16 maio 2022.

BRASIL. Presidência da República. *Lei nº 10.097, de 19 de dezembro de 2000. Altera dispositivos da Consolidação das Leis do Trabalho (CLT), aprovada pelo Decreto-lei nº 5.452, de 1º de maio de 1943*. Brasília, 2000. Disponível em: http://www.planalto.gov.br/ccivil_03/leis/L10097.htm. Acesso em: 16 maio 2022.

BRASIL. Presidência da República. *Lei nº 11.129, de 30 de junho de 2005. Institui o Programa Nacional de Inclusão de Jovens – ProJovem –; cria o Conselho Nacional da Juventude (CNJ) e a Secretaria Nacional de Juventude; altera as Leis nº 10.683, de 28 de maio de 2003, e nº 10.429, de 24 de abril de 2002; e dá outras providências*. Brasília, 2005. Disponível em: http://www.planalto.gov.br/ccivil_03/_ato2004-2006/2005/lei/l11129.htm. Acesso em: 16 maio 2022.

BRASIL. Presidência da República. *Lei nº 11.788, de 25 de setembro de 2008. Dispõe sobre o estágio de estudantes* [...]. Brasília, 2008. Disponível em: http://www.planalto.gov.br/ccivil_03/_ato2007-2010/2008/lei/l11788.htm. Acesso em: 16 maio 2022.

CÂMARA MUNICIPAL DE SÃO PAULO. *Restaurante-escola São Paulo*. São Paulo: Câmara Municipal de São Paulo, 2022. Disponível em: https://www.saopaulo.sp.leg.br/restaurante-escola/. Acesso em: 16 maio 2022.

CENTRO DE DESENVOLVIMENTO DO ENSINO SUPERIOR EM SAÚDE DA UNIVERSIDADE FEDERAL DE SÃO PAULO. *Aprendizado baseado em problemas*. 2022. Disponível em: http://www2.unifesp.br/centros/cedess/pbl/. Acesso em: 16 maio 2022.

CENTRO DE INOVAÇÃO, EMPREENDEDORISMO E TECNOLOGIA. *Site institucional*. 2022. Disponível em: http://www.cietec.org.br/. Acesso em: 16 maio 2022.

CENTRO DE INTEGRAÇÃO EMPRESA-ESCOLA (CIEE). *Site institucional*. 2022. Disponível em: http://www.ciee.org.br/. Acesso em: 16 maio 2022.

CENTRO DE SAÚDE-ESCOLA SAMUEL BARNSLEY PESSOA DA FACULDADE DE MEDICINA DA UNIVERSIDADE DE SÃO PAULO. *Site institucional*. 2022. Disponível em: http://fm.usp.br/cseb/portal/. Acesso em: 16 maio 2022.

CENTRO PAULA SOUZA. *Site institucional*. São Paulo: CPS, 2022. Disponível em: https://www.cps.sp.gov.br/. Acesso em: 16 maio 2022.

CHOO, Chun Wei. *A organização do conhecimento*: como as organizações usam a informação para criar significado, construir conhecimento e tomar decisões. São Paulo: Editora Senac São Paulo, 2003.

CONGRESSO BRASILEIRO DE EDUCAÇÃO MÉDICA (COBEM). *Página inicial*. 2022. Disponível em: https://cobem.com.br/2022/. Acesso em: 28 jul. 2022.

CONSELHO FEDERAL DE MEDICINA (CFM). *Número de médicos*. Brasília: CFM, 2019. Disponível em: http://portal.cfm.org.br/index.php?option=com_estatistica. Acesso em: 16 maio 2022.

CORDÃO, Francisco Aparecido. A educação profissional como uma das dimensões do direito à profissionalização. *In*: RONCA, Antonio Carlos Caruso; ALVES, Luiz Roberto (org.). *O Plano Nacional de Educação e o Sistema Nacional de Educação*: educar para a equidade. São Paulo: Fundação Santillana, 2015. p. 57-73.

CORDÃO, Francisco Aparecido. Apresentação. *In*: ZARIFIAN, Phillippe. *O modelo da competência*: trajetória histórica, desafios atuais e propostas. São Paulo: Editora Senac São Paulo, 2003.

CORDÃO, Francisco Aparecido; MORAES, Francisco de. *Educação profissional no Brasil*: resumo histórico e perspectivas. São Paulo: Editora Senac São Paulo, 2017.

CORDIOLI, Otavio Fernando Genta. *O processo de formação do cirurgião-dentista e a prática generalista da odontologia*: uma análise a partir da vivência profissional. 2006. Dissertação (Mestrado em Ciências da Saúde) – Universidade Federal de São Paulo (Unifesp), São Paulo, 2006. Disponível em: http://repositorio.unifesp.br/handle/11600/9864. Acesso em: 16 maio 2022.

COSTA, Antonio Carlos Gomes da. *Ser empresário*: o pensamento de Norberto Odebrecht. Rio de Janeiro: Versal, 2004.

REFERÊNCIAS

DIBELLA, Anthony J.; NEVIS, Edwin C. *Como as organizações aprendem*: uma estratégia integrada voltada para a construção da capacidade de aprendizagem. São Paulo: Educator, 1999.

EBOLI, Marisa. *Educação corporativa no Brasil*: mitos e verdades. São Paulo: Gente, 2004.

EMPRESA. *In*: FERREIRA, Aurélio Buarque de Hollanda. *Novo dicionário Aurélio da língua portuguesa*. 4. ed. Curitiba: Positivo, 2009a.

EMPRESA. *In*: HOUAISS, Antônio; VILLAR, Mauro de Salles. *Dicionário Houaiss da língua portuguesa*. Rio de Janeiro: Objetiva, 2009b.

EMPRESA. *In*: MICHAELIS, Henriette. *Dicionário Michaelis on-line de português brasileiro*. São Paulo: Melhoramentos, 2022. Disponível em: https://michaelis.uol.com.br/moderno-portugues/busca/portugues-brasileiro/empresa/. Acesso em: 28 jul. 2022.

ESCOLA. *In*: FERREIRA, Aurélio Buarque de Hollanda. *Novo dicionário Aurélio da língua portuguesa*. 4. ed. Curitiba: Positivo, 2009a.

ESCOLA. *In*: HOUAISS, Antônio; VILLAR, Mauro de Salles. *Dicionário Houaiss da língua portuguesa*. Rio de Janeiro: Objetiva, 2009b.

ESCOLA. *In*: MICHAELIS, Henriette. *Dicionário Michaelis on-line de português brasileiro*. São Paulo: Melhoramentos, 2022. Disponível em: https://michaelis.uol.com.br/moderno-portugues/busca/portugues-brasileiro/empresa/. Acesso em: 28 jul. 2022.

ESCOLAS MÉDICAS DO BRASIL. *Página inicial*. Curitiba, 2022. Disponível em: http://www.escolasmedicas.com.br/. Acesso em: 16 maio 2022.

ESTAÇÃO BISTRÔ. *O projeto*. Santos, 2022. Disponível em: https://www.estacaobistro.com.br/. Acesso em: 16 maio 2022.

FACULDADE DE MEDICINA DE MARÍLIA (FAMEMA). *Projeto pedagógico do curso de medicina*. Marília: Famema, 2014. Disponível em: http://www.famema.br/ensino/cursos/docs/PPC%20Medicina.pdf. Acesso em: 16 maio 2022.

FACULDADE DE MEDICINA DE MARÍLIA. *Projeto pedagógico do curso de enfermagem*. Marília: Famema, 2008. Disponível em: http://www.famema.br/ensino/cursos/docs/PPC%20Enfermagem%20final.pdf. Acesso em: 16 maio 2022.

FINANCIADORA DE ESTUDOS E PROJETOS (FINEP). *Site institucional*. Rio de Janeiro: Finep, 2022. Disponível em: http://www.finep.gov.br. Acesso em: 16 maio 2022.

FREIRE, Ana Cláudia; LIMA, Tatyana. A utilização de comunidades de prática no processo de educação corporativa. *In*: RICARDO, Eleonora Jorge (org.). *Educação corporativa*: cases, reflexões e ações em educação a distância. São Paulo: Pearson Prentice Hall, 2007.

FUNDAÇÃO 18 DE MARÇO. *Projetos. Fazenda Escola Fundamar. Nosso trabalho*. Belo Horizonte: Fundamar, 2007-2019. Disponível em: http://www.fundamar.com. Acesso em: 16 maio 2022.

FUNDAÇÃO ABRINQ. *A colheita da Fazenda-escola Fundamar*: uma experiência premiada de educação infantil no campo. São Paulo: Fundação Abrinq, 2004. Disponível em: http://www.dominiopublico.gov.br/pesquisa/DetalheObraForm.do?select_action=&co_obra=17788. Acesso em: 16 maio 2022.

FUNDAÇÃO BRADESCO. *Site institucional*. Osasco: Fundação Bradesco, 2022. Disponível em: http://www.fb.org.br. Acesso em: 16 maio 2022.

FUNDAÇÃO DE APOIO À ESCOLA TÉCNICA DO ESTADO DO RIO DE JANEIRO. *Site institucional*. Disponível em: http://www.faetec.rj.gov.br/. Acesso em: 4 maio 2022.

FUNDAÇÃO NACIONAL DA QUALIDADE (FNQ). *Modelo de Excelência da Gestão*: fundamentos. São Paulo: FNQ, 2022. Disponível em: https://fnq.org.br/fundamentos/. Acesso em: 16 maio 2022.

GOUVÊA, Maria Teresa Andrade de; PARANHOS, Cláudia; MOTTA, Claudia Lage Rebello da. Promovendo o aprendizado organizacional por meio de comunidades de prática. *Boletim Técnico Senac: a Revista da Educação Profissional*, v. 34, n. 3, set.-dez. 2008. Disponível em: http://www.bts.senac.br/index.php/bts/article/view/286/269. Acesso em: 16 maio 2022.

GRANDE HOTEL – HOTEL-ESCOLA SENAC. *Site institucional*. São Paulo: Senac, 2022. Disponível em: https://www.grandehotelsenac.com.br/. Acesso em: 16 maio 2022.

GREEN, Cynthia. *Os caminhos da qualidade*: como vencer os desafios da economia global. São Paulo: Makron Books/Editora Senac São Paulo, 1995.

GRUPO VOTORANTIM. *Site institucional*. São Paulo: Votorantim, 2022. Disponível em: http://www.votorantim.com.br/. Acesso em: 16 maio 2022.

HOTEL SENAC BARREIRA ROXA. *Site institucional*. Natal (RN): Senac-RN, 2022. Disponível em: https://www.barreiraroxa.com.br/. Acesso em: 16 maio 2022.

HOTEL SENAC ILHA DO BOI. *Site institucional*. Vitória (ES): Senac-ES, 2022. Disponível em: http://www.hotelilhadoboi.com.br/. Acesso em: 16 maio 2022.

INSTITUTO FEDERAL SUDESTE DE MINAS GERAIS. *Site institucional*: Campus Barbacena. Juiz de Fora: IF Sudeste MG, 2022. Disponível em: https://www.ifsudestemg.edu.br/barbacena. Acesso em: 16 maio 2022.

IOCHIDA, Lucia Christina. Metodologias problematizadoras no ensino em saúde. *In*: BATISTA, Nildo Alves; BATISTA, Sylvia Helena (org.). *Docência em saúde*: temas e experiências. São Paulo: Editora Senac São Paulo, 2004, p. 153-166.

IRIGOIN BARENNE, Maria Etiennette; VARGAS ZUNIGA, Fernando. *Competência profissional*: manual de conceitos, métodos e aplicações no setor de saúde. Rio de Janeiro: Senac Nacional, 2004.

JOHNSON, J. David. *Gestão de redes de conhecimento*. São Paulo: Editora Senac São Paulo, 2011.

KOMATSU, Ricardo S. et al. (org.). *Guia do processo de ensino-aprendizagem "aprender a aprender"*. 4. ed. Marília: Faculdade de Medicina de Marília, 2003. Disponível em: http://www2.unifap.br/midias/files/2012/04/guia2003.pdf. Acesso em: 16 maio 2022.

KÜLLER, José Antonio; MORAES, Francisco de. *Currículos integrados no ensino médio e na educação profissional*: desafios, experiências e propostas. São Paulo: Editora Senac São Paulo, 2016.

KÜLLER, José Antonio. *Ritos de passagem*: gerenciando pessoas para a qualidade. São Paulo: Editora Senac São Paulo, 1996.

REFERÊNCIAS

LEQUES BRASIL HOTEL-ESCOLA. *Site institucional.* 2022. Disponível em: https://www.lequesbrasil.com.br/. Acesso em: 2 ago. 2022.

MATANÓ, Ulisses Defonso. *Reflexões sobre as competências gestoras em educação profissional.* 2005. Dissertação (Mestrado em Educação) – Universidade Cidade de São Paulo, São Paulo, 2005.

MAXIMIANO, Antonio César Amaru. *Teoria geral da administração*: da revolução urbana à revolução digital. 8. ed. São Paulo: Atlas, 2017.

McDONALD'S BRASIL. *Site institucional.* 2022. Disponível em: http://www.mcdonalds.com.br. Acesso em: 16 maio 2022.

MEDICI, A. C. Hospitais universitários: passado, presente e futuro. *Revista da Associação Médica Brasileira*, v. 47, n. 2, abr.-jun. 2001. Disponível em: https://www.scielo.br/j/ramb/a/QF4tk7yTqbYdKymQnk6SLPJ/. Acesso em: 16 maio 2022.

MORAES, Antônio Ermírio de. *Educação pelo amor de Deus!* São Paulo: Gente, 2006.

MORAES, Francisco de. *Capacitação profissional em empresas pedagógicas.* São Paulo: Divisão de Informação Técnica do Senac São Paulo, 1978. (Série Documentos de Trabalho, n. 1).

MORAES, Francisco de. Educação profissional e trabalho: empresa pedagógica, programa de aprendizagem e estágio supervisionado. *Boletim Técnico Senac: a Revista da Educação Profissional*, v. 39, n. 1, p. 138-149, jan.-abr. 2013. Disponível em: https://www.bts.senac.br/bts/article/view/151/136. Acesso em: 16 maio 2022.

MORAES, Francisco de. *Empresas-escola*: educação para o trabalho versus educação pelo trabalho. 2. ed. São Paulo: Editora Senac São Paulo, 2012.

MORAES, Francisco de. *Ensino excelente*: anotações e comentários para estudantes, pais e educadores. São Paulo: Editora Senac São Paulo, 2020.

MOTOYAMA, Shozo (org.). *Educação técnica e tecnológica em questão*: 25 anos do Ceeteps – História vivida. São Paulo: Edunesp/Ceeteps, 1995.

NASSIF, Antonio Celso Nunes. Apresentação: o caminhar do ensino médico no Brasil. *Escolas Médicas do Brasil*, 15 maio 2014. Disponível em: http://www.escolasmedicas.com.br/escolas-medicas.php. Acesso em: 16 maio 2022.

NOVONOR. *Nossa cultura.* Salvador: Novonor, 2022. Disponível em: https://novonor.com/pt/a-novonor/nossa-cultura. Acesso em: 16 maio 2022.

ODEBRECHT, Norberto. *Educação pelo trabalho/Tecnologia Empresarial Odebrecht.* Salvador: Odebrecht, 1991.

ODEBRECHT, Norberto. *Sobreviver, crescer e perpetuar*: tecnologia empresarial Odebrecht. 7. ed. Salvador: Odebrecht, 2007. 3 v.

ORGANIZAÇÃO NACIONAL DE ACREDITAÇÃO (ONA). *Site institucional.* São Paulo: ONA, 2022. Disponível em: https://www.ona.org.br/. Acesso em: 16 maio 2022.

PINTO, Paulo Mendes. Ócio ou negócio? *Blog Triplov*, [s. d.]. Disponível em: http://www.triplov.com/paulo/otium.html. Acesso em: 29 jul. 2022.

REZENDE, Waldemir W. *Estação Clínicas*: os bastidores do maior hospital da América Latina. São Paulo: Edição do Autor, 2007.

RICARDO, Eleonora Jorge (org.). *Gestão da educação corporativa*: cases, reflexões e ações em educação a distância. São Paulo: Pearson Prentice Hall, 2007.

ROSA FILHO, Blair J. História da fisioterapia. *World Gate Brasil*, 2012. Disponível em: http://www.wgate.com.br/conteudo/medicinaesaude/fisioterapia/historia_da_fisioterapia.htm. Acesso em: 9 abr. 2012.

ROSE, Mike. *O saber no trabalho*: valorização da inteligência do trabalhador. São Paulo: Editora Senac São Paulo, 2007.

ROSENTHAL, Elias. História da odontologia no Brasil. *Jornal APCD*, out. 1995. São Paulo: Associação Paulista de Cirurgiões-Dentistas (APCD), 1995. Disponível em: http://www.soergs.com.br/index.php?cd=217&descricao=historia_da_odontologia_no_brasil. Acesso em: 16 maio 2022.

RUGIU, Antonio Santoni. *Nostalgia do mestre-artesão*. Trad. Maria de Lourdes Menon. Campinas: Autores Associados, 1998. Coleção Memória da Educação.

SANTANA, Flávia Feitosa. *A dinâmica da aplicação do termo qualidade na educação superior brasileira*. São Paulo: Editora Senac São Paulo, 2007.

SÃO PAULO. Governo do Estado. Secretaria de Desenvolvimento. *Programas – parques tecnológicos*. Disponível em: http://www.desenvolvimentoeconomico.sp.gov.br/programas/parques-tecnologicos/. Acesso em: 16 maio 2022.

SÃO PAULO. Governo do Estado. Secretaria de Estado da Saúde. *Hospitais de ensino no estado de São Paulo – 2007*. São Paulo: Imesp, 2007. Disponível em: http://sistema.saude.sp.gov.br/sahe/documento/HE_2007.pdf. Acesso em: 16 maio 2022.

SÃO PAULO. Câmara Municipal de São Paulo. *Restaurante-escola*. São Paulo: Câmara Municipal, 2022. Disponível em: http://www.camara.sp.gov.br/restaurante-escola/. Acesso em: 16 maio 2022.

SATURNINO, Luciana Tarbes Mattana; FERNÁNDEZ-LLIMÓS, Fernando. A farmácia-escola no Brasil: estado da arte e perspectivas. *Revista Brasileira de Farmácia*, Rio de Janeiro, v. 90, n. 3, p. 204-210, 2009.

SCOTTI, Lucila Mara Sbrana. *Horizontes para a liderança*: para onde nos levam nossos modelos, crenças e ações. São Paulo: Editora Senac São Paulo, 2016.

SERVIÇO BRASILEIRO DE APOIO ÀS MICRO E PEQUENAS EMPRESAS (SEBRAE). *Site institucional*. Brasília: Sebrae, 2022. Disponível em: http://www.sebrae.com.br/sites/PortalSebrae. Acesso em: 16 maio 2022.

SERVIÇO NACIONAL DE APRENDIZAGEM COMERCIAL (SENAC). Administração Nacional. *Relatório geral 2021*. Rio de Janeiro: Senac Nacional, 2022. Disponível em: https://www.dn.senac.br/wp-content/uploads/2017/03/relatorio_GERAL_2021_web.pdf. Acesso em: 16 maio 2022.

SERVIÇO NACIONAL DE APRENDIZAGEM COMERCIAL (SENAC). Administração Nacional. *Site institucional*. Rio de Janeiro: Senac Nacional, 2022. Disponível em: http://www.senac.br/. Acesso em: 16 maio 2022.

SERVIÇO NACIONAL DE APRENDIZAGEM COMERCIAL NO ESTADO DA BAHIA (SENAC-BA). *Site institucional*. Salvador: Senac Bahia, 2022. Disponível em: http://www.ba.senac.br/. Acesso em: 16 maio 2022.

SERVIÇO NACIONAL DE APRENDIZAGEM COMERCIAL NO ESTADO DE MINAS GERAIS (SENAC-MG). *Site institucional*. Belo Horizonte: Senac Minas Gerais, 2022. Disponível em: http://www.mg.senac.br/. Acesso em: 16 maio 2022.

REFERÊNCIAS

SERVIÇO NACIONAL DE APRENDIZAGEM COMERCIAL NO ESTADO DO MARANHÃO (SENAC-MA). *Restaurante-escola*. São Luís: Senac Maranhão, 2022. Disponível em: http://www.ma.senac.br/unidades/restaurante-escola/. Acesso em: 16 maio 2022.

SERVIÇO NACIONAL DE APRENDIZAGEM COMERCIAL NO ESTADO DO PARANÁ (SENAC-PR). *Site institucional*. Curitiba: Senac Paraná, 2022. Disponível em: www.pr.senac.br. Acesso em: 16 maio 2022.

SERVIÇO NACIONAL DE APRENDIZAGEM COMERCIAL NO ESTADO DE PERNAMBUCO (SENAC-PE). *Site institucional*. Recife: Senac Pernambuco, 2022. Disponível em: http://www.pe.senac.br/. Acesso em: 16 maio 2022.

SERVIÇO NACIONAL DE APRENDIZAGEM COMERCIAL NO ESTADO DO RIO GRANDE DO NORTE (SENAC-RN). *Site institucional*. Natal: Senac Rio Grande do Norte, 2022. Disponível em https://www.rn.senac.br/. Acesso em: 16 maio 2022.

SERVIÇO NACIONAL DE APRENDIZAGEM DO COOPERATIVISMO (SESCOOP). *Site institucional*. Brasília: Sescoop, 2022. Disponível em: https://www.somoscooperativismo.coop.br/sescoop. Acesso em: 16 maio 2022.

SERVIÇO NACIONAL DE APRENDIZAGEM INDUSTRIAL (SENAI). *Site institucional*. Brasília: Senai Nacional, 2022. Disponível em: http://www.portaldaindustria.com.br/senai/. Acesso em: 16 maio 2022.

SERVIÇO NACIONAL DE APRENDIZAGEM RURAL (SENAR). *Missão*. Brasília: CNA/Senar Nacional, 2022. Disponível em: https://www.cnabrasil.org.br/senar/missao-senar. Acesso em: 16 maio 2022.

SERVIÇO SOCIAL DO TRANSPORTE (SEST); SERVIÇO NACIONAL DE APRENDIZAGEM DO TRANSPORTE (SENAT). *Site institucional*. Brasília: Sest/Senat, 2022. Disponível em: http://www.sestsenat.org.br/. Acesso em: 16 maio 2022.

SILVA FILHO, Roberto Leal Lobo e *et al*. A evasão no ensino superior brasileiro. *Cadernos de Pesquisa*, v. 37, n. 132, set.-dez. 2007. Disponível em: http://www.scielo.br/pdf/cp/v37n132/a0737132.pdf. Acesso em: 16 maio 2022.

SILVA, Ricardo Henrique Alves da; SALES-PERES, Arsenio. Odontologia: um breve histórico. *Odontologia Clínico-Científica*, Recife, v. 6, n. 1, p. 7-11, jan.-mar. 2007. Disponível em: http://www.ricardohenrique.com.br/artigos/crope-historia.pdf. Acesso em: 16 maio 2022.

SINDICATO NACIONAL DOS AUDITORES FISCAIS DO TRABALHO (SINAIT). *Manual da aprendizagem profissional*: o que é preciso saber para contratar o aprendiz. Brasília: Sinait, 2019. Disponível em: https://www.gov.br/trabalho-e-previdencia/pt-br/composicao/orgaos-especificos/secretaria-de-trabalho/inspecao/escola/e-biblioteca/manual-de-aprendizagem-profissional.pdf/view. Acesso em: 16 maio 2022.

SOCIEDADE BENEFICENTE ISRAELITA BRASILEIRA ALBERT EINSTEIN. *Missão, visão e valores*. São Paulo: Einstein, 2017. Disponível em: https://www.einstein.br/sobre-einstein/missao-visao-valores. Acesso em: 16 maio 2022.

SOUZA, Fernando César. *Por uma pedagogia de movimentos simbólicos em projetos interdisciplinares de trabalho*. 2005. Dissertação (Mestrado em Educação) – Universidade Cidade de São Paulo, São Paulo, 2005.

TAKAHASHI, Cintia Yuri. *Oportunidades de aprendizagem no nível grupal*: um estudo de caso em uma instituição educacional. 2007. Dissertação (Mestrado em Administração de Empresa) – Universidade Presbiteriana Mackenzie, São Paulo, 2007.

TEIXEIRA, Andrea. *Universidades corporativas × educação corporativa*: o desenvolvimento do aprendizado contínuo. Rio de Janeiro: Qualitymark, 2001.

TEIXEIRA, Maria Luisa Mendes (org.). *Valores humanos & gestão*: novas perspectivas. São Paulo: Editora Senac São Paulo, 2008.

TEIXEIRA FILHO, Jayme. *Comunidades virtuais*: como as comunidades de práticas na Internet estão mudando os negócios. Rio de Janeiro: Editora Senac Rio, 2002.

TEIXEIRA FILHO, Jayme. *Gerenciando conhecimento*: como a empresa pode usar a memória organizacional e a inteligência competitiva no desenvolvimento de negócios. Rio de Janeiro: Editora Senac Rio, 2000.

TRABALHO. *In*: Wikicionário: o dicionário livre. 2022. Disponível em: http://pt.wiktionary.org/wiki/trabalho#Etimologia. Acesso em: 29 jul. 2022.

UNILEVER BRASIL. *Programa de futuros líderes.* São Paulo: Unilever, 2022. Disponível em: https://careers.unilever.com/unilever-future-leaders-programme. Acesso em: 4 maio 2022.

UNIVERSIA BRASIL. *Site institucional.* São Paulo: Fundação Universia, 2022. Disponível em: http://www.universia.com.br. Acesso em: 16 maio 2022.

UNIVERSIDADE DE MARÍLIA (UNIMAR). *Fazendas.* Marília: Unimar, 2022. Disponível em: https://portal.unimar.br/site/fazendas. Acesso em: 4 maio 2022.

UNIVERSIDADE DE SANTA CRUZ DO SUL (UNISC). *Farmácia escola.* Santa Cruz do Sul, 2022. Disponível em: http://www.unisc.br/pt/servicos-comunitarios/farmacia-escola. Acesso em: 16 maio 2022.

UNIVERSIDADE DE SÃO PAULO (USP). Escola Superior de Agricultura Luiz de Queiroz (Esalq). *Fazenda Areão.* São Paulo: USP, 2022. Disponível em: https://www.esalq.usp.br/svee/fazenda-areao. Acesso em: 16 maio 2022.

UNIVERSIDADE DE UBERABA (UNIUBE). *Fazenda-escola.* Uberaba: Uniube, 2022. Disponível em: http://www.fazendaescolauniube.com.br/. Acesso em: 16 maio 2022.

Universidade ESTADUAL DE LONDRINA (UEL). *Fazenda-escola.* Londrina (PR): UEL, 2022. Disponível em: http://www.uel.br/fazendaescola/. Acesso em: 16 maio 2022.

UNIVERSIDADE ESTADUAL DE LONDRINA (UEL). *Resolução Cepe nº 22/2005. Reformula o projeto político-pedagógico do curso de medicina, a ser implantado a partir do ano letivo de 2005.* Londrina: UEL, 2005a. Disponível em: http://www.uel.br/prograd/pp/documentos/medicina.pdf. Acesso em: 16 maio 2022.

UNIVERSIDADE ESTADUAL DE LONDRINA (UEL). *Resolução Cepe nº 33/2005. Reformula o projeto político-pedagógico do curso de enfermagem, a ser implantado a partir do ano letivo de 2005.* Londrina: UEL, 2005b. Disponível em: http://www.uel.br/prograd/pp/documentos/enfermagem.pdf. Acesso em: 16 maio 2022.

UNIVERSIDADE ESTADUAL DE PONTA GROSSA (UEPG). *Fazenda-escola Capão da Onça.* Ponta Grossa: UEPG, 2022. Disponível em: http://www.uepg.br/colegiados/colagro/FazendaEscola.html. Acesso em: 16 maio 2022.

REFERÊNCIAS

UNIVERSIDADE FEDERAL DE SÃO CARLOS (UFSCAR). *Apresentação*. São Carlos, 2022a. Disponível em: http://www2.ufscar.br/a-ufscar/apresentacao. Acesso em: 16 maio 2022.

UNIVERSIDADE FEDERAL DE SÃO CARLOS (UFSCAR). *Unidade Saúde Escola*. São Carlos, 2022b. Disponível em: https://www.use.ufscar.br/ . Acesso em: 16 maio 2022.

UNIVERSIDADE FEDERAL DE SÃO PAULO (UNIFESP). *Aprendizado baseado em problemas*. São Paulo: Unifesp, 2022a. Disponível em: http://www2.unifesp.br/centros/cedess/pbl/. Acesso em: 16 maio 2022.

UNIVERSIDADE FEDERAL DE SÃO PAULO (UNIFESP). *Fisioterapia*. São Paulo: Unifesp, 2022b. Disponível em: https://www.unifesp.br/campus/san7/graduacao/cursos/fisioterapia. Acesso em: 28 jul. 2022.

UNIVERSIDADE FEDERAL DO RIO DE JANEIRO (UFRJ). Farmácia universitária. *Olhar Virtual*, n. 146, fev. 2007. Disponível em: http://www.olharvirtual.ufrj.br/2010/?id_edicao=146&codigo=5. Acesso em: 16 maio 2022.

UNIVERSIDADE FEDERAL FLUMINENSE (UFF). *Farmácia universitária*. Rio de Janeiro, 2022. Disponível em: http://www.uff.br/?q=servico/farmacia-universitaria. Acesso em: 16 maio 2022.

VALENÇA, Antonio Carlos (org.). *Aprendizagem organizacional*: 123 aplicações práticas de arquétipos sistêmicos. São Paulo: Editora Senac São Paulo, 2011.

ZANOTE, Marco Aurélio. *Aprendizagem comercial*: discutindo um projeto de formação. 2004. Dissertação (Mestrado em Educação) – Universidade Cidade de São Paulo, São Paulo, 2004.

ZARIFIAN, Philippe. *O modelo da competência*: trajetória histórica, desafios atuais e propostas. São Paulo: Editora Senac São Paulo, 2003.